うまくいく 1 実践がそのまま本に！

本書掲載の造形あそびは、保育現場に密着取材した活動だけ。実践がそのまま本になりました！
だから写真たっぷり、子どものつぶやきいっぱい、現場の雰囲気が伝わります。

うまくいく 2 準備・環境構成・導入がていねい！

実際に行なわれた活動だから、準備も詳細、環境構成もていねい、導入も写真やイラストでわかりやすくなっています。
だから実践がうまくいく！

うまくいく 3 0・1・2歳児の発達がわかる造形活動年間計画例

発達を押さえていないと造形活動もうまくいきません。
本書では、造形活動年間計画例で発達が見通せ、その発達に沿った造形活動が見つけられるようになっています。

うまくいく 4 造形の知識が身につくミニ講義つき

子どもの発達や、活動のテーマ、保育者の援助など、造形活動で大切なことが学べる「おく先生のミニ講義」コーナーつき。じっくり読んで知識を蓄えてくださいね。

CONTENTS 1 — ページ順もくじ

- CONTENTS1（ページ順もくじ） 2
- CONTENTS2（活動や素材や行為から探す） 4

発達をつかむ
- 0歳児 造形活動年間計画例 6
- 1歳児 造形活動年間計画例 8
- 2歳児 造形活動年間計画例 10

造形あそびとは
- 0・1・2歳児の造形あそび実践の前に 12

読み取り方
- 造形あそび実践へGO! 本書（実践例）の見方＆特長 15

1 パス・マーカーで描く

- 実践1 なぐり描きをはじめよう 16
- 実践2 大きな紙に描こう 20
- 実践3 小さな紙に描いてみよう 24
- 実践4 こんな紙、もらったよ 28
- 実践5 いろいろな紙に描こう 32
- 実践6 つるつるするものに描いてみよう 36
- 実践7 広がる色を楽しもう 40
- 実践8 なぐり描きの1年を見てみよう！ 44

2 はる・配列する

- 実践1 シールで遊ぼう！ 48
- 実践2 シールはりを楽しもう！ 52
- 実践3 いっぱいくっつけよう 56
- 実践4 ふわふわ・キラキラをはってみよう 60
- 実践5 おなかがすいたよ〜 64

3 絵の具で描く・塗る

- 実践1 絵の具でいっぱい描いたよ！ 68
- 実践2 いろいろな"筆"を使ってみよう 72
- 実践3 大きい紙に絵の具で描こう 76
- 実践4 "ぬる"遊びを楽しもう！ 80
- 実践5 池をお水でいっぱいにしよう 84
- 実践6 めだまやきできたよ 88
- 実践7 スタンピングを楽しもう！ 92

4 感触を楽しむ

- 実践1 小麦粉粘土楽しいな！ 96
- 実践2 感触遊びを楽しもう！ 100
- 実践3 粉で遊ぼう 104
- 実践4 サクサク、モチモチ、パン粉粘土！ 108
- 実践5 せっけん粘土と出会う 112
- 実践6 いろいろな感触、楽しいな 116

5 水・泡・砂・泥

- 実践1 水の遊びがいっぱい！ ……… 120
- 実践2 アワ・アワ不思議だね ……… 124
- 実践3 砂の遊び楽しいな ……… 128
- 実践4 泥で遊ぼう ……… 132

6 ものや場と出会う

- 実践1 ひっぱった！ でてきたよ！ …… 136
- 実践2 布で遊ぼう ……… 140
- 実践3 ポットンポットン楽しいな ……… 144
- 実践4 こんなの見つけたよ！ ……… 148
- 実践5 ビリビリ、むきむき…出てきたね！
  ……… 152
- 実践6 ひとりひとりにどーぞ！ ……… 156

7 行為や操作の遊び

- 実践1 同じ形の素材がいっぱい！ …… 160
- 実践2 牛乳パックで遊ぼう！ ……… 164
- 実践3 Ｓ字フックで遊ぼう ……… 168
- 実践4 洗濯バサミで遊ぼう！ ……… 172
- 実践5 いっぱい挟む、長くつなぐ ……… 176
- 実践6 いろいろな場所で転がしてみよう！ 180
- 実践7 自然物で遊ぼう！ ……… 184
- 実践8 オアシスにさそう ……… 188

8 のり・ハサミの基本

- 実践1 "のりはり"しよう ……… 192
- 実践2 ハサミでチョッキン ……… 196

CONTENTS 2 —活動や素材や行為から探す

活動から探す

ダイナミックな活動

- 大きな紙に描こう ……………………… 20
- いろいろな紙に描こう ………………… 32
- 広がる色を楽しもう …………………… 40
- シールはりを楽しもう！ ……………… 52
- いろいろな"筆"を使ってみよう ……… 72
- 大きい紙に絵の具で描こう …………… 76
- "ぬる"遊びを楽しもう！ ……………… 80
- いろいろな感触、楽しいな！ ………… 116
- 泥で遊ぼう ……………………………… 132

集中する活動

- 小さな紙に描いてみよう ……………… 24
- こんな紙、もらったよ ………………… 28
- 自然物で遊ぼう！ ……………………… 184
- "のりはり"しよう ……………………… 192
- ハサミでチョッキン …………………… 196

個別の活動

- なぐり描きをはじめよう ……………… 16
- つるつるするものに描いてみよう …… 36
- シールで遊ぼう！ ……………………… 48
- 絵の具でいっぱい描いたよ！ ………… 68
- スタンピングを楽しもう！ …………… 92

発達と造形活動の関連を確かめる活動

- なぐり描きの1年を見てみよう！ …… 44
- いろいろな"筆"を使ってみよう ……… 72

思いやイメージの世界を大切にする活動

- いっぱいくっつけよう ………………… 56
- おなかがすいたよ〜 …………………… 64
- 池をお水でいっぱいにしよう ………… 84
- めだまやきできたよ …………………… 88
- オアシスにさそう ……………………… 188

素材から探す

可塑性がある素材

小麦粉粘土、片栗粉粘土、寒天、粉など
- 小麦粉粘土楽しいな！ ･･････････ 96
- 感触遊びを楽しもう！ ･･････････ 100
- 粉で遊ぼう ･･････････････････ 104
- サクサク、モチモチ、パン粉粘土！ ･･･ 108

せっけん粘土
- せっけん粘土と出会う ･････････ 112

新聞紙、身近なおもちゃ
- こんなの見つけたよ！ ････････ 148
- ビリビリ、むきむき…出てきたね！ ･･･ 152

身近な素材や同じ形の素材

人工芝・緩衝材など
- いろいろな感触、楽しいな ･････ 116

ボトルキャップ、ガチャポンケースなど
- ひとりひとりにどーぞ！ ････････ 156
- 同じ形の素材がいっぱい！ ･････ 160
- いろいろな場所で転がしてみよう！ ･･ 180

布・リボンなど
- ひっぱった！　でてきたよ！ ････ 136
- 布で遊ぼう ･････････････････ 140
- いっぱい挟む、長くつなぐ ･･････ 176

ミルク缶、チェーンリング
- ポットンポットン楽しいな ･･････ 144

洗濯バサミ
- ひとりひとりにどーぞ！ ････････ 156
- 洗濯バサミで遊ぼう！ ････････ 172
- いっぱい挟む、長くつなぐ ･･････ 176

S字フック
- S字フックで遊ぼう ････････････ 168

牛乳パック
- 牛乳パックで遊ぼう！ ････････ 164

ペットボトル
- 水の遊びがいっぱい！ ････････ 120
- ポットンポットン楽しいな ･･････ 144

ドングリ・葉っぱなど
- 自然物で遊ぼう！ ･･･････････ 184
- オアシスにさそう ････････････ 188

行為や操作から探す

探索的な行為や操作

入れる
- ポットンポットン楽しいな ･･････ 144
- 同じ形の素材がいっぱい！ ･････ 160

破る
- こんなの見つけたよ！ ････････ 148
- ビリビリ、むきむき…出てきたね！ ･･･ 152

引っ張る
- ひっぱった！　でてきたよ！ ････ 136
- 布で遊ぼう ･････････････････ 140

並べたり、通したり
- 同じ形の素材がいっぱい！ ･････ 160
- 牛乳パックで遊ぼう！ ････････ 164

挟む
- ひとりひとりにどーぞ！ ････････ 156
- 洗濯バサミで遊ぼう！ ････････ 172

引っ掛ける
- S字フックで遊ぼう ････････････ 168

転がす
- いろいろな場所で転がしてみよう！ ･･ 180

0歳児 造形活動年間計画例 　～発達を知り「ねらい」を

月齢別子どもの姿
※0歳児は月齢による違いが大きいので、別囲みにしています。

産休明け～3か月未満
- 光や動くもの、はっきりした色を目で追う。
- 音を聴いてガラガラなどの音のするほうに顔を向ける。

3か月～6か月未満
- 人やものの動きを目で追い、手を伸ばしてつかんだり、握ったり、なめたりしようとする。
- 玩具に手を伸ばして引き寄せたり、音が出る玩具を自分で振って音が出ることに気づいたりする。
- 身近な人の顔や声がわかり、声を出したり笑ったりする。

6か月～9か月未満
- 腹ばいやハイハイで移動したり、お座りでものにかかわろうとする。
- 指さししたり、つついたり、引っ張ったり、つまんだりの操作ができるようになる。
- ものを両手で持ったり、持ち替えたり、両手をぱちんとたたいたりする。
- 盛んに喃語を発したり、いないいないばあを喜ぶようになる。

期

Ⅰ期
- ▶ 保育者との安定したかかわりの中でゆったりとふれあい、いっしょに遊ぶことを喜ぶ。
- ▶ 外気や心地良いものや場に触れて過ごせるようにする。

Ⅱ期
- ▶ 保育者との安定したかかわりの中で、身の回りのものや水などに触れて遊ぶことを楽しむ。

活動 …さまざまな造形あそび

4月
❉ 握ったり、振ったり
本書には掲載していませんが、目で追ったり手で触れたりする遊びをしてみましょう。

❉ 牛乳パックで遊ぼう！ ……… P.164

5月
❉ シールで遊ぼう！ ……… P.48

❉ ポットンポットン楽しいな … P.144

※4、5月は高月齢児を中心に状況を見て遊びましょう。

6月
❉ 布で遊ぼう ……… P.140
❉ なぐり描きをはじめよう ……… P.16

7月
❉ 感触遊びを楽しもう！（寒天で遊ぼう！） ……… P.100

❉ ひとりひとりにどーぞ！ ……… P.156

8月
❉ 水の遊びがいっぱい！ ……… P.120
❉ スポンジで遊ぼう
本書、未掲載。スポンジを使った遊びもしてみましょう。

たててこそ "うまくいく"！！

9か月～12か月ごろ
- ハイハイやお座りをし、積極的に動き回ろうとする。
- つかまり立ちを盛んにし、やがて伝い歩きをするようになる。
- 引き出しや戸を開ける、物を引っ張り出すなど、手指がかなり使えるようになる。
- 探索的な遊びを進んでしようとする。
- たたくと音がする、パスを動かしたら描けたなど、偶然の行為と結果を結び付けて楽しむ。
- 簡単な単語を話すようになる。

13か月～
- 運動機能が増し、登る、降りる、くぐる、押す、引っ張るなどができる場で遊ぶ。
- つまむ、めくる、通す、外す、転がす、落とす、紙をちぎる、なぐり描きをするなど、指の操作の種類が増える。
- 大人のまねをしたり簡単なつもり遊びをしたりする。また、ほかの子どもへの関心が深まり、結果取り合いをしたりする。
- 言葉と動作が結び付いてくる。

Ⅲ期

▶ さまざまなものと出会う。
▶ 探索的な遊びを楽しむ。

9月
❊ こんなもの見つけたよ！ ……… P.148
❊ 感触遊びを楽しもう！
　（片栗粉で遊ぼう！）……… P.100

10月
❊ 同じ形の素材がいっぱい！ ……… P.160
❊ いろいろな"筆"を使ってみよう ……… P.72

11月
❊ 自然物で遊ぼう！ ……… P.184
❊ マーカーで描いてみよう
本書、未掲載。マーカーで描く遊びもしてみましょう。

12月
❊ いろいろな感触、楽しいな ……… P.116
❊ つるつるするものに描いてみよう ……… P.36

Ⅳ期

▶ 遊びの場を広げ、好きな遊びを楽しむ。
▶ ものとのかかわりを通して、保育者や他児とのふれあいを楽しむ。

1月
❊ ひっぱった！　でてきたよ！ ……… P.136
❊ シールはりを楽しもう！ ……… P.52

2月
❊ こんなの見つけたよ！
　（くっつけたり、はがしたり）
　……… P.148

❊ たんぽでトントン
本書、未掲載。絵の具を使ってたんぽでトントン。

3月
❊ 同じ形の素材がいっぱい！ ……… P.160
❊ なぐり描きの1年を見てみよう ……… P.44

1歳児 造形活動年間計画例　〜発達を知り「ねらい」を

期	I期	II期
子どもの姿	● 探索活動が盛んになり、保育室などの身近な場所やものに興味を持ってかかわる。 ● 三項関係の操作ができるようになり、はがす、ちぎるなど指の操作の遊びをする。 ● 保育者の受容のもとに好きな遊びを見つける。	● 自他のものの区別がわかるようになり、自分のものを欲しがる。 ● 砂や水など自然物に興味を持ち、感触を楽しむ。 ● 探索活動の空間が広がるとともに、入れたり出したり、くっつけたりはがしたりなど、気に入った遊びを繰り返しするようになる。
期のねらい	▶ ものや場とかかわり、探索活動を楽しむ。 ▶ 自分の好きな遊びを見つける。	▶ 保育者の見守りの中で、身の回りのものや水などの遊びを楽しむ。
活動 …さまざまな造形あそび	**4月** ❋ シールで遊ぼう！……… P.48  ❋ 布で遊ぼう ……………… P.140 ❋ 砂の遊び楽しいな ……… P.128 **5月** ❋ ビリビリ、むきむき…出てきたね！… P.152 ❋ なぐり描きをはじめよう（パスで描く）……… P.16 ❋ 牛乳パックで遊ぼう！……… P.164 	**6月** ❋ つるつるするものに描いてみよう … P.36 ❋ ひとりひとりにどーぞ！……… P.156 ❋ 粉で遊ぼう ……………… P.104 **7月** ❋ ポットンポットン楽しいな ……… P.144 ❋ アワ・アワ不思議だね ……… P.124  ❋ 絵の具でいっぱい描いたよ！…… P.68 **8月** ❋ 水の遊びがいっぱい！……… P.120 ❋ 広がる色を楽しもう ……… P.40 ❋ 感触遊びを楽しもう！（片栗粉で遊ぼう！）……… P.100

たててこそ "うまくいく" !!

Ⅲ期

- 道具を使用したり、つまむ、にぎる、こねるなど手指を盛んに使う遊びをする。
- 言葉に関心を持ち、玩具などで見立てやつもりなどの象徴機能が出始める。
- 友達に興味を持つようになり、いっしょにすることを喜ぶ半面、ぶつかり合いも多くなる。

▶ ものとのかかわりを通して、友達とのやりとりを楽しむ。
▶ 自然物に興味を持ってかかわろうとする。
▶ 見立てやつもりの遊びを楽しむ。

9月
❋ こんなの見つけたよ！ ‥‥‥‥‥ P.148
❋ 感触遊びを楽しもう！
　（寒天で遊ぼう！） ‥‥‥‥‥‥ P.100
❋ なぐり描きをはじめよう
　（しかけのある紙に） ‥‥‥‥‥ P.16

10月
❋ ふわふわ・キラキラをはってみよう ‥ P.60
❋ 同じ形の素材がいっぱい！ ‥‥‥ P.160

11月
❋ 小麦粉粘土楽しいな！ ‥‥‥‥ P.96
❋ いろいろな"筆"を使ってみよう
　（カボチャ） ‥‥‥‥‥‥‥‥ P.72
❋ 自然物で遊ぼう！ ‥‥‥‥‥‥ P.184

12月
❋ スタンピングを楽しもう！ ‥‥‥ P.92
❋ いろいろな感触、楽しいな！ ‥‥ P.116
❋ 洗濯バサミで遊ぼう！ ‥‥‥‥ P.172

Ⅳ期

- 簡単な言葉でのやり取りができるようになり、遊びの伝搬がみられるようになる。
- 保育者や友達と、簡単な見立てやつもり遊びを楽しむ。
- かたづけなどがわかり、元の場所へ戻そうとする。

▶ さまざまな素材や場に意欲を持ってかかわり、自分なりの遊びを楽しむ。
▶ ものや場にかかわって友達といっしょに遊ぶことを楽しむ。

1月
❋ こんな紙、もらったよ ‥‥‥‥‥ P.28
❋ いっぱいくっつけよう
　（手袋・靴下にくっつけよう） ‥‥ P.56
❋ いろいろな場所で転がしてみよう！
　（入れてみたら…） ‥‥‥‥‥ P.180

2月
❋ シールはりを楽しもう！
　（立体にペッタン） ‥‥‥‥‥‥ P.52
❋ いろいろな紙に描こう ‥‥‥‥ P.32
❋ S字フックで遊ぼう
　‥‥‥‥‥ P.168

3月
❋ オアシスにさそう ‥‥‥‥‥‥ P.188
❋ いろいろな"筆"を使ってみよう
　（いろいろな筆で描く） ‥‥‥‥ P.72
❋ なぐり描きの1年を見てみよう！ ‥ P.44

2歳児 造形活動年間計画例　～発達を知り「ねらい」を

期	I期	II期
子どもの姿	●自我が芽生え自己主張が激しくなり、ぶつかることが多くなる。言葉で十分に応答できないため、手が出たり泣いたりすることが多くなる。 ●身近なものに興味を持って、対象について知ろうとする。 ●保育者をよりどころに、少しずつ好きな遊びを見つけられるようになる。	●好きな遊びが見つかり、保育者やほかの子どもを誘ったりしてみずから遊び始める。 ●色、物の大小、多少、形の違いなどがわかるようになり、同じ・違うに気づいたりする。 ●目と手が協応するようになり、ハサミや簡単な紙操作に挑戦しようとする。 ●自分で見たり経験したりしたことを言葉や身ぶりで伝えようとする。
期のねらい	▶自分の好きなものや場に興味を持って遊ぶ。	▶水、土、砂、感触など開放的な遊びを全身で楽しむ。 ▶新しい遊びに挑戦しようとする。
活動 …さまざまな造形あそび	**4月** ❋シールで遊ぼう！・・・・・・・ P.48 ❋なぐり描きをはじめよう ・・・・・・ P.16 ❋砂の遊び楽しいな ・・・・・・ P.128 **5月** ❋つるつるするものに描いてみよう ・・・ P.36 ❋サクサク、モチモチ、パン粉粘土！ 　・・・・・・ P.108  ❋"のりはり"しよう 　・・・・・・ P.192 	**6月** ❋ひとりひとりにどーぞ！・・・・・・ P.156 ❋大きな紙に描こう ・・・・・・ P.20 ❋ハサミでチョッキン ・・・・・・ P.196 **7月** ❋小さな紙に描いてみよう 　・・・・・・ P.24  ❋アワ・アワ不思議だね ・・・・・・ P.124 ❋絵の具でいっぱい描いたよ！ ・・・・ P.68 **8月** ❋"ぬる"遊びを楽しもう ・・・・・・ P.80 ❋いろいろな"筆"を使ってみよう 　（いろいろな筆で描く）・・・・・・ P.72 ❋水の遊びがいっぱい！・・・・・・ P.120 ❋泥で遊ぼう ・・・・・・ P.132

たててこそ "うまくいく" !!

Ⅲ期

- 互いに友達に関心を示し始め、同じ場で同じ遊びを共有しようとする。言葉で伝えて友達とかかわろうとする。
- 自然物や描画材料、構成材料を使って感触を楽しんだり、描いたり塗ったり並べたりして遊ぶ。
- 運動機能が目だって発達し、年上の子どもをまねようとする。

▶友達と場を共有して遊ぼうとする。
▶ものや場とのかかわる中で、イメージや思いを持って活動することを楽しむ。

9月
- 広がる色を楽しもう ……… P.40
- せっけん粘土と出会う ……… P.112
- 牛乳パックで遊ぼう！ ……… P.164

10月
- スタンピングを楽しもう ……… P.92
- ふわふわ・キラキラをはってみよう ‥ P.60
- 大きい紙に絵の具で描こう ……… P.76

11月
- 小麦粉粘土楽しいな！ ……… P.96
- 自然物で遊ぼう！ ……… P.184
- こんな紙、もらったよ ……… P.28

12月
- オアシスにさそう ……… P.188
- おなかがすいたよ～ ……… P.64
- 洗濯バサミで遊ぼう！ ……… P.172

Ⅳ期

- 手足や全身の協応動作が巧みになり、いろいろなことに挑戦しようとする。
- 簡単なルールのある遊びやごっこ遊びを楽しむ。
- 色のグルーピングや、量の多少、長短などに関心を持って遊ぶ。

▶構成遊びや意味の遊びを繰り返し楽しむ。
▶思いを持って友達と活動することを楽しむ。

1月
- いっぱいくっつけよう（ゆきだるま） ‥‥ P.56
- いろいろな場所で転がしてみよう！ ……… P.180

2月
- いろいろな紙に描こう ……… P.32
- シールはりを楽しもう！（立面や平面にペッタン） ……… P.52
- いっぱい挟む、長くつなぐ ……… P.176

3月
- いろいろな"筆"を使ってみよう ‥‥ P.72
- めだまやきできたよ ……… P.88
- なぐり描きの1年を見てみよう ‥‥ P.44

⓪・①・② 歳児の造形あそび 実践の前に

造形あそびを始める前に、0・1・2歳児の造形について考えてみましょう。

1 0・1・2歳児の造形ってなんだろう？

小麦粉粘土を手のひらでたたく、指でつつく。ちぎったり伸ばしたりする。パスを握って紙の上で手を動かしてみる。パスの線が描けた。パスを握ったまま手をトントン動かすとリズミカルな音が出て、おもしろくてもっとする。結果、紙に点々が描けた。0・1・2歳児の造形行為は不思議な魅力にあふれています。

造形は、「ものにかかわり、ものを変化させる」活動です

「もの」とは小麦粉粘土やパスなどの造形素材のことです。粘土と出会った子どもたちは、つついたり、ちぎったり伸ばしたりという行為や操作で粘土にかかわります。粘土が変形したり、大きさが変わったりします。粘土へのかかわりを通して、0・1・2歳児は「これなあに」から「こんなふうになるんだ」と確認しているのではないでしょうか。

遊びの土台を育てます

子どもが小麦粉粘土に触れたり指でつついたりすることや、自分がした行為の跡としてパスの点や線が画面につくことがわかるなど、これら「ものや場」への探索的行為は0・1・2歳児にとって身近にあるものに興味を持って何者であるかを確かめる行為であり、自己肯定感を培います。幼児期に豊かな造形活動を展開する原点として0・1・2歳児の造形活動は表現への意欲や主体性を培い、遊びの土台を育てます。

2 造形活動の3つの鍵「もの・ば・ひと」

「もの・ば・ひと」。自然発生的な活動であっても、設定保育であっても、造形活動が始まるにはこれらの3つが鍵になります。

「もの」との出会い

0・1・2歳児にとって彼らを取り巻く環境にある「もの」との出会いは、初めての出会いであることが多いことでしょう。多様な「もの」と出会う機会を創りたいものです。

シュレッダーで切断した紙と出会いました。手を入れてゴソゴソ探っています。

いろいろなしかけがある広い場です。場の探索が活動を誘っています。

「ば」を創る

お座りをして手元で遊ぶ場合と保育室全体を使って遊ぶ場合では、活動のねらいも違いますが、子どもたちの動きも違ってきます。小さな画用紙に描く場合と四ツ切に描く場合では空間の認識や使い方も変わります。「ば」＝物的環境の構成は造形活動の質を変える大きな要素です。

「ひと」とかかわる

「ひと」とは、保育者、友達を指します。保育者の受容・応答・見守りなどのかかわりを通じて子どもたちは安心して造形活動を楽しみます。0・1・2歳児の造形行為はその場にいる他児の模倣により拡散する場合も多く、「もの」や「ば」にかかわる行為や操作の展開、「もの」や「ば」を介して人とのコミュニケーションへもつながります。

友達のしていることをよく見ています。

3 0・1・2歳児の造形活動を読み取る窓口

0歳児から2歳児は乳幼児期の中でも心身の変化が激しい時期です。子どもたちの発達を理解したうえで日常の空間における子どもの姿、すなわち遊びの中に見られる行為や操作をよく観察して情報を得ておくことが必要です。それが造形保育の構想につながるのです。
日常の遊びや造形活動で共通して見られる0・1・2歳児の造形行為は以下の表の8項目のタイプに分かれます。この本の事例を理解する窓口にもなりますので、参考にしてください。

造形活動のタイプ	活動の特徴と使用素材の例
①もの系	さまざまな素材をたたく、握る、振るなど、この時期の子どもなりの方法でかかわる。身近な生活用品、自然物など。
②感触系	身近な素材に身体、特に手で触れ、快・不快や感触の違いなどに気づく。水、砂、小麦粉粘土、紙、寒天、フィンガーペイント、緩衝材など。
③探索系	生活空間にあるものや場を探索し、見つけたり試したりして認知する。場所を見つけて隠れる、ものをほうり出すなど、保育の場や散歩の空間などでの探索。
④操作系	ちぎる、破る、丸めるなど、手・指などでものを変化させる行為。紙、粘土など。
⑤移し替え系	主として両手の操作で、ものの移動や量の移動に気づく。水、大量の小さな雑材、実などを容器に入れ、他方の容器に入れることを繰り返す。
⑥構成系	表現空間を構成に関する試行。並べる、積む、囲うなど、配列や構成的な行為。積み木、シールはり、ユニット的な素材での遊び。
⑦スクリブル系	描く、塗るなど平面空間にかかわる行為。パス、マーカー、絵の具等。
⑧意味系	意味づけ、見立て、つもり、ごっこなど、象徴機能を発揮するイメージへつながる活動。①〜⑦のタイプにプラスして現れる。①〜⑦で使用する多様な素材。

4 造形を楽しむために

保育の中で表現の芽を見つける。表現の芽を活動の環境構成に生かす。
造形活動がスタートしたら、そっと子どもに寄り添いましょう。

子どもが「もの」とかかわる姿を知る

表現の芽を見つけるためには、子どもの日常の姿をよく観察することです。棚の箱をひっくり返す、引き出しからタオルを引っ張り出す、棚の隙間に物をわざと落とすなど、日々の暮らしの中の遊びが、実は表現の芽なのです。

保育室の引き出しをゴソゴソ。タオルを引っ張り出しています。

大きい穴にエイ！ かがんで入れたら腕まで入りました。

物的環境を考える

ひっくり返すなら箱の中に何を入れると遊びが広がるかな、引っ張ることが好きなら引っ張れるものを保育室にたくさん準備しよう、落としたいならちょっと大きな箱とボトルキャップを大量に準備しよう。ひとりひとりの顔と遊びをイメージして「もの」と「ば」を準備します。子どもの活動の予測と素材の研究が重要です。

子どもに寄り添う

子どもが「もの」や「ば」と出会い、造形活動が始まります。0・1・2歳児は言葉を獲得していく時期でもあります。「もの」や「ば」だけでなく時には言葉による導入や、子どもの行為に言葉を添えて共に遊ぶ、遊びが見つからない子とはいっしょに遊ぶ、主体的に遊び続ける子どもには受容の視線を送って見守るなど、子どもへの寄り添い方は子どもの姿によって異なります。
3歳未満の子どもたちであっても、楽しいだけでなく試す姿や考え決断する瞬間や、つまずいたり乗り越えたりする過程をここで経験し、ひとりひとりの学びにつながる魅力的な活動だということを再認識して、造形活動をもっと楽しみましょう。

フラワーペーパーをビリビリ。「きれいだね」と共感。

造形あそび実践へGO！

次のページから、実践例に入ります。ここで本書（実践例）の見方、特長をチェックしてから進んでください。

本書（実践例）の見方＆特長

年齢表記
実践を行なった年齢です。目安にしてください。

準備が詳細でスムーズに活動できます
「どうやって作るのかわからない…」「活動を始めてみると足りないものが…」と困ったことはありませんか？本書は活動に必要なものがとにかく細かく書かれているので、準備も活動もスムーズにできます。

4ページでひとつの実践例
実践例は4ページでひとつの活動になっています。

活動のねらい
活動のねらいを記しています。

導入もバッチリ！
子どもたちを活動へ誘う導入は大切なポイント。写真やイラストでわかりやすくなっています。

保育のポイント
実践するにあたって、気をつけることや押さえておくことなど、「保育」の大切なポイントをまとめてあります。

おく先生のミニ講義
子どもの発達、実践のテーマや環境構成など、保育者が知っておくべきことをおく先生が教えてくれる造形あそびのミニ講義コーナー。しっかり読んで知識を蓄えてください。

子どものつぶやき
子どもが感じていることや実際に話したことを吹き出しにまとめています。クラスの子どもたちの姿を見るヒントにしてください。

次のページから実践が始まります！

パス・マーカーで描く

0歳児 1歳児 2歳児

なぐり描きをはじめよう

子どもが初めて「描く」という行為をします。初めての描画材との出会いはパス？ それともマーカー？ この時期の子どもの姿をしっかりとらえて、楽しく描く環境を考えましょう。

活動のねらい
● 描くことを楽しむ。

準備するもの

パス・クレヨン
パスは軟らかく、描きやすい。筆圧や線の勢い（ストローク）が明快に出る。クレヨンは、パスより硬く手が汚れにくいが、パスよりストロークの変化が見えにくい描画材

0・1歳児 パスで描く

子どもたちに初めて描画材を渡します。どのように描いてくれるでしょうか。

導入

描画材を子どもたちにひとりひとり渡していきます。

画用紙
八ツ切サイズ
四ツ切サイズ

「しゅーっ」

真剣なまなざしです。パスを上からつかんでいるので、なぐり描きの線が少し不安定ですが、目と手がしっかり協応しています。もう少し下を持つよう、声をかけましょう。

ポイント　描画材の持ち方

基本的にスプーンやはしの持ち方と並行します。握り持ちから移行するころ、「おはしと同じように持つ」よう促してみましょう。

逆手持ち

握り持ち

えんぴつ持ち

なぐり描きをはじめよう

マーカー
色や線が鮮明に描ける。筆圧などの影響を受けにくい描画材

ポイント
色は単色？ 多色？
基本的には単色で。描くことに集中できるからです。多色では色を変えることが興味の中心になりやすいですね。

画用紙

ポイント
サイズは八ツ切？四ツ切？
初めてのなぐり描きは八ツ切でスタート。後は子どものなぐり描きを見て、紙のサイズを変えましょう。

ポイント
画用紙の色は？
基本は白ですが、描画材の色と合わせてさまざまな色を経験できるようにしましょう。

黙々と描いています。一生懸命な姿です。

右手で体を支えています。

ポイント
描く場所について
机や床で描くことが多いのですが、子どもの体の発達や描く姿勢に留意しましょう。床で描く場合、寝そべってしまわないように注意！

手もとを見る目は真剣です。

2歳児
しかけのある紙に

立体的なものや穴あき、シールなど。しかけがある紙を用意しました。

立体的なしかけ

細長い紙を立体的にはっておきました。

「いっぱいかいた！」

意識してしかけには何も描かず、画用紙にいっぱい描きました。

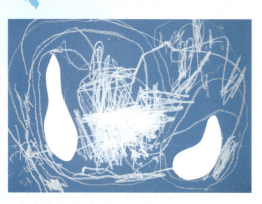

「はし、わたってるー」

しかけを「橋」に見立てて、ゆっくりその上を渡っています。

立体的なしかけに反応して、マーカーでクルーリとしかけをしっかり囲いました。

穴あき

画用紙に数か所、穴をあけておきました。

穴を避けたり、わざと穴に落ちたりして意識しています。

シール

シールを数か所はっています。

シールを囲ったりマーキングしたりしています。

なぐり描きをはじめよう

保育のポイント

なぐり描きの発達の目安

＊なぐり描きの発達過程を再確認しておくといいですね。個人差がありますので、あくまでも目安として見てください。

0歳児

11か月児の初めてのなぐり描き。パスをトントン打ち付けたような点のなぐり描き。八ツ切画用紙。

↓

1歳4か月児。横線のなぐり描き。八ツ切画用紙ですが画面の上まで手が届きません。

1歳児

縦線が見えてきました。線の種類が増えてきて、画面もかなり広がってきましたね。

↓

連続線が出てきました。大きく腕を動かして描く姿がイメージできますね。上下とも四ツ切画用紙使用。

2歳児

ダイナミックな曲線を描き、四隅を意識してマーキングするなど、画用紙の空間全面を使っています。

↓

多様な線を描くようになり、閉じた円形が現れてきました。見立てや意味づけが盛んになってきます。

おく先生のミニ講義

何枚も描きたがる子には？

原則として「おかわり」はOK

描きたい子どもの意欲を受け止めましょう。子どもの姿を観察して、新しい紙が欲しくて乱雑ななぐり描きになってきたら、おしまいにしてもいいでしょう。

描く時間が短いのですが？

0・1・2歳児の集中時間はそんなに長くはありません

子どもによっては画用紙を塗りつぶすように画面いっぱい描いたり、細かい線で埋めたりして30分以上描き続ける子どももいますが、なぐり描きの集中時間は普通5分前後です。

なぜしかけの紙を使うの？

しかけの紙を使うねらいがちゃんとあるのです

例えば子どもが画面を見て描いていない、意欲的に描かないなど気になる状況が生まれたとき、しかけが画面を見たり興味を持ったりするきっかけとなるからです。作品的な見栄えを意図しているわけではありません。

パス・マーカーで描く

0歳児 1歳児 2歳児

立って描いたり、座って描いたり
大きな紙に描こう

広い平面や立面で描ける環境を作ると、のびやかで楽しいなぐり描きの線が空間いっぱいに広がります！ 体を大きく動かして、ダイナミックな活動に挑戦してみましょう。

活動のねらい
● なぐり描きを体ごと楽しむ。

準備するもの

パス
今回はひとり1色
赤・青・緑・橙の4色から選べるようにしました

1歳児　描く所いっぱい！

机の全面に模造紙をはります。保育室に、その机をそのまま置いたり立てたりして活動スペースを作りました。

導入

活動スペースの外で「どこに描こうかな。好きな色をひとつだけ持って、描きに行こうね」と保育者が投げかけます。子どもたちはまず場所の探索を始めました。

平面と立面がある環境構成。高さや広さに変化を持たせ、ワクワクする空間を作りましょう。

出会う

あおにする

基本的にパスは保育者が「どうぞ」と手渡しますが、高月齢児は自分で選びます。

いっぱいかくー

全員が、まず平面の机を囲んで描き始めました。自分の前に黙々と線を描いています。

大きな紙に描こう

模造紙

机
4台（3人に1台くらいを目安に）

シート
活動スペース全面、または立面部分に敷く

テープ
模造紙を机にはるための布テープ、養生テープ　など

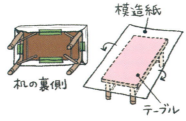

机の天板より大きい模造紙（足りなければテープで裏からつなぐ）で机を覆い、はみ出た部分を裏側へ折り込んでテープではります。机を立てて置くときは、倒れないよう床と机の脚をテープではるなど、固定させましょう。

こんなふうに描いたよ

「かくよー」

低い立面に移動した子どもは、横長の机の上部に沿って線を描いていきます。

「せんせい、みてみて」

ずーっと平面に描いていた女の子。立面に移動して描いたのがうれしかったようです。

「みーつけた」

ひとりの子どもが高いほうの立面に移動し、そーっと描き始めました。

「たかい、たかい」

背伸びして、手をいっぱいに伸ばして描いています。場の効果大ですね。

1歳児 描く所いっぱい！

こんな所も見つけたよ

「シューッ、かけた！」

「ここにもかけたよ！」

低い立面の上からのぞくと、裏側にも描けるところを発見。広い空間に描いてほしいのですが、これも受け止めましょう。

机の厚みもまたおもしろい場のようです。体の移動をともなって、長い線を描いています。

「ゴシゴシぬるー」

探索活動が盛んな1歳児。立面の裏側にも描いています。狭い空間に何人もが入り出すようだと危険。そーっと別の場へ導きましょう。

保育のポイント

子どもの人数と動線を考えて場を作りましょう

＊描く空間が広すぎても狭すぎても活動はうまくいきません。机は3人に1台くらいを目安にしましょう。立面は壁際などに寄せ、子ども同士がぶつからないように動線を考慮しましょう。

床や壁にパスで描いてしまわないように工夫しましょう

＊今回は、予防のためにシートを敷き、机を立てて立面にしました。それでも描いてしまったときは、紙の所へ子どもといっしょに行き、「ここに描こうね」と伝えましょう。

大きな紙に描こう

いっぱい描けたよ！

赤い往復線の上描きがありますが、その下には横に移動して引いた長い線が描かれています。

最初は自分だけの場で黙々と描き、だんだん机全体へ線が広がっていきました。

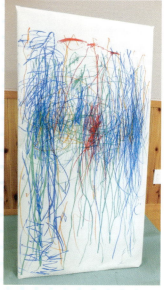

縦線が画面いっぱいに描かれています。自分の背より高い所に集中していますね。

おく先生のミニ講義

広い空間で描く意味

体の自由な動きは心も自由に解き放ちます

広い空間では、自分だけの場で描くことも、ほかの空間を使うことも自在です。匿名性があり、いつもより大胆な表現をする子どももいます。遊びに変化をもたらし、活動の持続時間も長くなります。

子どもを見るポイント

描く場所の選択と、なぐり描きの線に注目

個々の子どもが選ぶ場所とそこで描いた線を時系列で見てみましょう。個別のなぐり描きとは違う子どもの姿が見えてきます。

子どもの動きをよく見て、保育者は動くこと

場の選択は子どもの意思を尊重します。しかし、ひとつの場に集まりすぎたときには、そっと別の場にも気づけるようにかかわりましょう。

年齢別の配慮

子どもの体の発達を視野に入れた環境構成が大切

0歳児では基本的には実践例のような環境は構成しません。床に模造紙を敷いて固定し、その上に座ってパスで描くなどします。2歳児では机の平面空間をもっと大胆な線で埋めたり、周りを移動しながら長い線を描いたりしますので、より広い空間が欲しいですね。

パス・マーカーで描く

0歳児 1歳児 2歳児

小さな紙に描いてみよう

いろいろな形や色の小さな画用紙を準備しました。小さな紙に描くなぐり描きのキーワードは「集中」。目と手を協応させて、1枚1枚真剣に描く子どもの姿が見られることでしょう。

活動のねらい
- 小さな紙に描くことを楽しむ。
- 小さなスペースに集中して描く。

準備するもの

パスまたはマーカー
色は濃いめの4〜5色を選択
ひとりにつきパスかマーカーどちらか1本を準備する

2歳児 小さな紙いっぱい!

紙のサイズ、形、色、枚数など、子どもが出会う要素が多種ありますが、"小さな紙"との出会いを大切にしましょう。

導入

今日はこんな小さい紙を持ってきたよ。これは何かな?

「小さい紙に描く」「いろんな色や形がある」「紙をいっぱい(4枚)もらえる」ことが伝わるように、ゆっくりと応答的に話します。

出会い

はい、どうぞ

4枚の画用紙を1セットにして、ひとりずつに配ります。

ポイント

紙と描画材の渡し方を工夫する

4枚セットにした紙を配ってから、パスかマーカーをひとり1本(色は子どもが選択)渡し、1枚ずつ描くように机ごとに促します。低月齢の場合、1枚描いたら2枚目をもらう、という方法もあります。子どもの年齢や経験によって考えましょう。

四角い紙の真ん中に2人ともまず試し描き。パスをよくコントロールしています。

小さな紙に描いてみよう

いろいろな形に切った画用紙

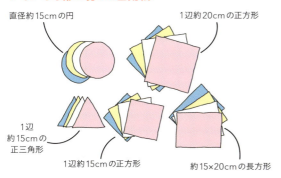

- 直径約15cmの円
- 1辺約20cmの正方形
- 1辺約15cmの正三角形
- 1辺約15cmの正方形
- 約15×20cmの長方形

紙が小さいので、ひとり1枚では足りません。ひとり4〜5枚を目安に、4色、5種類の形の紙を準備しました。そのうち4種類（4枚）を組み合わせて子どもに渡します。残り1種類は予備です。

紙の形を意識する

「おかおになった」

紙の形に沿ってペンを動かしています。目や口を描いて、顔になりました。

「もっと描きたい」

パスで小さい紙の角を意識して、紙からはみ出さないように慎重に線を描いています。

真ん中から始める

「ここに描くの」

どの形の紙でも、真ん中からマーキングするようにスタート。小さな紙を意識して慎重に描いています。

ポイント
集中できる場を作る

この活動では机とイスがお勧めです。狭いと窮屈で集中しにくいので、4人掛けが適当でしょう。ひとりの保育者が見ることができる範囲を十分に考えて、机を配置しましょう。

2歳児 小さな紙いっぱい！

描き方が変わる

「ぐるーんって、かいてる」

「いっぱいかけたよ」

丸い紙は形に沿って線を描く確率が高いですね。ゆっくり、ゆっくり描き進めます。

1～3枚目は試し描きのような横ぶれの線です。4枚目から子のこのいつもの描き方に変わり、小さい○で紙をていねいに埋めていきました。

「うえから、しゅーっ」

長方形の紙ではランダムななぐり描き。△の紙ではてっぺんから下に線を描き始めました。

保育のポイント

子どもを見るポイント

小さい紙の、どこから描き始める？

＊紙のセンターから始めたり、紙の縁に沿って描き始めたりする場合は、紙の大きさや形を意識している証拠です。

紙の形となぐり描きの線の関係は？

＊紙の外郭に沿って線を描いたり、紙の角を意識してマーキングしたりすることがあります。紙の選択時には色にこだわりますが、なぐり描きの線とは関係が薄いようです。

小さな紙に描いてみよう

描いたものを飾りました

描いた後は保育室や廊下のボードにはりましょう。ひとりが描いたものをまとめてはるとその子がよく見えてきます。作品を通して保護者とお話しする機会にもなりますね。

小さい紙の縁や角を意識的にすごい集中力で塗り込んでいますね。

小さい紙を意識して、線が紙の中央に寄せて描いているのが分かります。

「これはってー」

保育者が作品をはり始めると、子どもたちも集まってきました。まねして自分ではろうとする子どもも出現。

おく先生のミニ講義

小さい紙に描く意味

何枚も描けて楽しく、集中力を養うにはぴったり

あまり気持ちが入らず、手だけ動かしてなぐり描きをしている、勢いはあるけれど止まらない、そんな子どもたちにもお勧めです。短時間に集中力を発揮、何枚も挑戦できる、描いた！ という達成感が、次への意欲につながります。

年齢での配慮

個人で描くときは、紙の大きさと子どもの年齢は反比例！？

事例のとおり、2歳児に最適です。0歳児にはこのサイズの紙は小さ過ぎて描きにくく、八ツ切以上の紙がお勧めです。手のコントロールがうまくできてこそ、小さい紙で描く意味が生き、楽しさも味わえます。1歳児ならもう少し大きめに。枚数も少なくてよいでしょう。

しかけのある紙に描いてみよう！
こんな紙、もらったよ

0歳児 1歳児 2歳児

しかけのある紙で、子どもはどのように空間を使うのでしょうか。いつものなぐり描きとちょっと違った描き方が出現します。子どもの姿をよく見てしかけを工夫してみましょう。

活動のねらい
- しかけを意識して描くことを楽しむ。

準備するもの

パス

四ツ切画用紙にしかけをはったもの
大きい丸直径約10㎝
小さい丸直径約5㎝

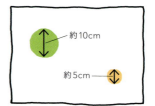

1歳児 しかけの紙に描こう

大きい丸と小さい丸。画用紙にはった色紙を、子どもたちはどのように意識して描くのでしょうか。

導入

しかけを意識できるように導入しました。

「こんな紙があるけれど、いつもの紙と何か違うかなぁ」と丸に気づくように話します。

こっちとこっちにある

描き始めは、やはり丸へのマーキングです。小さい丸から大きい丸へ、移動の線が残っています。

大小の丸を何度も通過して連続線を描いています。線が空間の下方に偏っているのは、手が届く範囲だからですね。

こんな紙、もらったよ

ポイント
しかけの紙を作るときの留意点
- 年齢、発達によってしかけの意味や効果が違うので注意すること。
- ねらいによってしかけの大きさや数、種類などを考えることが大切。
- しかけは作品の見栄えのためのものではないので、保育者の手描きや子どもの表現をじゃまするようなものは避ける。

ポイント
しかけの紙にする理由は？
- 子どもたちの興味や意欲を引き出したいときに有効。
- 画面や手元を見ないでなぐり描きをする子どもたちに、目と手の協応を促す環境が提供できる。
- 持続力がなくすぐに描き終わり、援助の効果が薄い場合、しかけをきっかけにして、ことばがけがしやすい。
- 日常生活の中で注意力が散漫な子どもに描く目当てができる。

ゴシゴシ、ゴシゴシ

大きい丸にまずマーキング。そして小さい丸にも。あとは真ん中の空間を埋めていきます。

しかけにはっきりと反応しています。ゴシゴシと塗る線はやがて回転的な線に変わりました。

ポイント
しかけに気づかない子どもには？
しかけに気づかないで描き続けている場合には、個別に声をかけて気づきを促してみましょう。しかけなしのなぐり描きと比較検討することで子どもの理解につながります。

画用紙の下半分はしかけを意識して描き、上半分はふつうの画用紙として使用しています。顔が出ていますね。

シューッ

大小の丸にまずマーキング。次にあいた空間に描きます。

29

2歳児 しかけの紙に描こう - 作品 -

ほぼ同時期に描いた、同じ子どもの「しかけなし」と「しかけあり」のなぐり描きです。しかけの認識や空間の使い方に注目しました。

しかけあり

しかけの周囲をぐるぐる回るように線を描いています。「しかけなし」より回転的な線が多くなっています。

しかけあり

しかけなし

どちらも画面いっぱいのリズミカルな線ですが、「しかけあり」では確実にしかけを中心に描いています。

しかけなし

しかけあり

しかけなし

しかけをあまり意識していないように見えますが、実はしかけを意図的に避けて描いています。「しかけなし」は空間の使い方が明らかに違っています。

こんな紙、もらったよ

1・2歳児 そのほかのしかけ

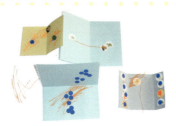

色画用紙で扉を作っておきました。シールを自分ではってから描きました。(1歳児：八ツ切、シール、マーカー)

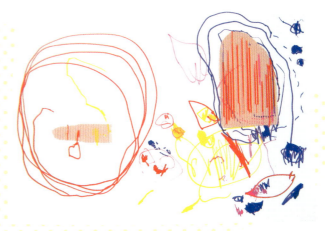

大小の片段ボールを2か所にはっています。片段ボールの溝に沿って描いたり、囲んだりする行為にしかけへの興味が表れています。(2歳児：八ツ切、マーカー)

丸を大小5個はりました。1個ずつマーキングして、後はいつものなぐり描きをしています。(1歳児：八ツ切、マーカー)

保育のポイント

子どもの活動をどんな視点で見ればいい？

＊子どもが描くプロセスを見ることが大切です。しかけの紙をもらった子どもが画面のどこから描き始めるかを観察しましょう。しかけへの意識は、しかけの上に意図的に描くことやしかけの周囲を囲むこと、わざとしかけを外してほかの空間のみに描く行為などに表れます。

おく先生のミニ講義

ねらいによって導入のしかたが変わります

しかけを意識してほしいとき

しっかりとしかけを意識してほしいときは、「こんな紙があるけれど、何か見つけたかな？」などと、子どもがしかけがあることに気づくように、またしかけに興味を持つように導入時に応答します。

しかけに気づいてほしいとき

子どもの発見を重視するときは、「お絵描きしようか、紙あげるね」程度の導入で、あえてしかけのことは言葉にしないようにして活動を始めます。活動のプロセスでは、子どもの活動状況に沿って援助しますが、「子どもがどのようにこの空間を使うかを見たい場合」はあえて声をかけないこともあります。

パス・マーカーで描く　**0歳児 1歳児 2歳児**

いろいろな紙に描こう

いつもの保育室とは違う部屋に、なんだか不思議な紙がいっぱい。立面や平面をフルに使った環境構成です。子どもたちのお気に入りは紙のしかけでしょうか？　大きな紙でしょうか？

活動のねらい
● いろいろな紙にかかわったり、体全体を使ったりして描くことを楽しむ。

準備するもの

模造紙全紙大
机の大きさや壁の面積を考えて準備する

四ツ切画用紙(赤・青・緑・橙)
しかけ部分に使用
円・ドーナツ型・四角・三角などの形に切る

四ツ切画用紙(白)
2枚。片段ボール片をはり付ける

片段ボール片
しかけ部分に使用

養生テープ(白)
しかけ部分などに使用

2歳児　不思議な紙と出会う

ふたつのねらいが併存する活動です。ひとりひとりの子どもが自分なりに描くことできるように考えました。その子なりの挑戦もしてほしいですね。

導入

環境構成した部屋に入ってきた子どもたちに、あらかじめ準備しておいた4色のパスを見せて、好きな色をひとつ選ぶこと、パスをもらったら好きな場所で描き始めてよいことを伝えます。「走らないで、そーっと行きましょう」と言ってスタートします。

体ごとかかわって

「ここにかいてみよう」

立てた机に模造紙をはった立面から描き始めました。ほとんどの子どもが平面から開始したので、保育者が応援しています。

「もっと、もっと、もっとー」

環境構成でいちばん広い立面です。画面奥から手前にふたりの子どもが移動しながら長い横線を描き始めました。

いろいろな紙に描こう

パス
赤・青・緑・橙
(しかけ部分と同様の色)、
4色合わせてクラスの人数分の本数

牛乳パックの底部分
深さ1cmくらいに切ったもの8個
パスを色ごとに入れる

養生シート
部屋の壁面の保護のため

長机1～2台、保育室用の机3～4台

保育のポイント

「なぜ？」理由を考えて援助しましょう

* なかなか描き出さない子ども…活動初期ではすぐに誘うのではなく少し待ち、どうして描き始めないのか考えてから、その子に寄り添いましょう。

* 子どもが1か所に集中したとき…なぜ集中したのか考えましょう。描きやすい高さや面積、魅力的なしかけ、保育者がそこにいたからなど。保育者が別の場に移動するだけでも状況は変わります。

* 場所を移動しているだけで描いてない子ども…描きたい場所を探索しているようなら少し待ちます。そうでなければ活動に誘い入れましょう。

* 活動後半になっても描かれていない紙…ぜひ経験してほしい紙(環境)なら気づくように声をかけてみましょう。そこに描かなかった理由を聞いてみると、2歳児なりにこたえてくれるかもしれません。

「あれーっかけない」

白い養生テープをはっておいたところにパスが乗りにくいことに気づきました。

高さがある立面では上下の縦線が多く見られます。中央が見えにくいのは養生テープがはってあるからです。

「うえまでいくよ」

背伸びしてずいぶん高いところまで描こうとしています。この時期の子どもたちは高さに挑戦する子どもが多いようです。

2歳児 不思議な紙と出会う

しかけにかかわって

長机2台に模造紙をはり、パスと同じ色の色画用紙でしかけをはりました。子どもたちが最初にどっと押し寄せた人気の場所です。

「おおきい まるー」

くるくると周りを散歩するようにパスを動かして、青い円を囲みました。

「ここに ぬろうかな」

ドーナツ型のしかけは、中を塗るようにパスで埋める姿が見られました。

「どこに かこうかな」

活動初期には、面のしかけはその上に、ドーナツ型は穴の中にマーキングすることから始めました。まだ環境がつかめなくて他児のようすを確かめつつ自分の活動を進めています。

「せんいっぱい かいた」

四角、三角のしかけを避けて、模造紙部分にのみ描いています。これもしかけを意識しているからですね。

いろいろな紙に描こう

「このかみ、でこぼこしてる」

片段ボールの溝に沿ってパスを動かしています。画用紙と違う感触を楽しんでいるようです。

片段ボールの溝に興味を持ったり、カタカタという音を楽しんだりしたことが、活動の後からも読み取れます。

「ぐるぐるぐるー」

立面に円形のしかけが4つ見えますが、小さい円形の周りを腕いっぱいに伸ばして回しています。大きすぎる円形は、かえって認識しづらいようです。

おく先生のミニ講義

環境構成が活動の質を変える

紙の大きさやしかけの有無は、子どもの描画行動を変えるひとつの要因です。

例えば極端に小さい紙に描くと、いつもは短時間で飽きる子どもが集中して描いたり、しかけを作ると画用紙への注目度が高くなり、目と手の協応が促されたりします。大きい紙を使った環境は身体的な活動を促しますので、開放的でダイナミックな動きを期待することができます。多様な種類の紙を使うことで、紙質の違いを発見してパスでの試行を楽しむことが可能です。

子どもの姿を基にねらいを設定し、活動を具体的に考えるとき、「環境構成が活動の質を変える」ことを応用して、造形表現の物的環境の構成に役だててください。

> パス・マーカーで描く

0歳児 1歳児 2歳児

つるつるするものに描いてみよう

ビニール（カラーポリロール）やセロハンに描いてみましょう。透明で、視覚的にも異質なものとの出会いは活動への意欲を高めます。つるつるした感触が心地良く、しぜんと活動の持続時間も長くなる傾向が！

活動のねらい

1歳児 心地良い感触を味わいながら描くことを楽しむ。（マーカー）

2歳児 透明な素材と出会い、描いたり塗ったりすることを楽しむ。（絵の具）

準備するもの

〈マーカーで描く〉

四ツ切画用紙
セロハンテープ
机、イス、画板

● **ビニールに描く**

カラーポリロール
オレンジ・ピンク・黄緑・水色など（四ツ切画用紙を包んでおく）

耐水性不透明マーカーまたは油性マーカー
赤・青・緑・ローズピンクなど（カラーポリロールに合う色）

1歳児　マーカーで描く

ビニール（カラーポリロール）やセロハンにマーカーで描きます。手指が画面の上を軽快に動き、描けるおもしろさが広がります。

ビニールに描く

くるくる、くるくる

画面の下のほうから描き始めました。ずっとここに描き続けているようなら、あいた空間に気づくように声をかけましょう。

導入

個別に、または2〜3人ずつで活動します。ビニールを張った画用紙を示して「今日はこんなのをあげるから、描いてみよう」と渡します。マーカーのふたを外し、1色ずつ渡して活動をスタートします。マーカーはビニールの色に合う色を保育者が選んでおきましょう。

つるつるしておもしろい

握り持ちですが、力強い線で描いています。反復の触知線がたくさん現れています。

※ 触知線とは触覚的ななぐり描きの線のことです。

つるつるするものに描いてみよう

●セロハンに描く

カラーセロハン
赤・黄色・青・緑など（四ツ切画用紙を包んでおく）

耐水性不透明マーカー
緑・ピンク・白・赤・青など（カラーセロハンに合う色）

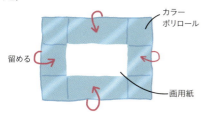

〈絵の具で描く〉

フープ
2～3人に1個程度

透明ビニール
フープに張っておく

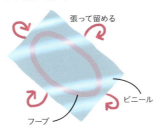

ビニール傘
3～4人に1本程度

絵の具
水色、黄緑、黄色など混ざっても濁色になりにくい色2～3色（濃いめに溶く。容器に入れて、はじかないように食器用中性洗剤を1～2滴たらし泡が出ないように混ぜておく）

容器
2～3人に1個（絵の具を入れる）

筆
12～16号程度
ひとり1本（容器に入れておく）

しゅーっ。まるー

画面下に丸を閉じたような形が現れました。滑りがよいと気持ち良く描けますね。

いっぱいかけるよ

左手で画用紙を押さえて、ゆっくりとマーカーを動かしています。線の勢いが安定していますね。

| **2歳児** 不思議な紙と出会う |

ビニールに描く

「ここにかこう」

目と手を協応させて、真剣に描いています。持続力もしっかり発揮していますね。

短い反復線と大きく腕を動かして描いた線のあるなぐり描きです。軽やかな線の勢いで描かれていますね。

「ちいさくかいてるの」

画面の真ん中から描き始めました。手首を中心にした線です。

セロハンに描く

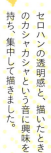

セロハンの透明感と、描いたときのカシャカシャという音に興味を持ち、集中して描きました。

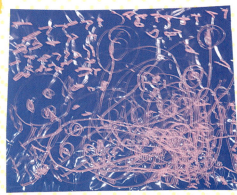

だんだん大きく空間を意識して、画面全体に線が広がっていったのがよくわかります。

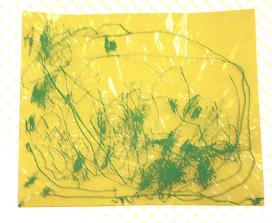

四ツ切画用紙にカラーセロハンを張り、不透明マーカーで描いています。

つるつるするものに描いてみよう

ほかにも こんな活動が！

2歳児なら　絵の具で描く

透明なビニール傘を固定した環境構成です。絵の具は小さな白いバケツに入っています。

フープに透明ビニールを張ったものにも描いています。筆を通じて絵の具の心地良い感触が伝わり、友達と呼応しながらどんどん塗る面積が広がっていきます。

ビニール傘に絵の具をたっぷり塗りました。塗るおもしろさだけでなく、塗ったところは不透明になる（向こうが見えない）ことにも気づきたいですね。

保育のポイント

画用紙以外のものに描く意味は？ 効果は？

造形活動としての素材体験です。ビニールやセロハンは画用紙と違い、透明で視覚的に異質なものと出会った感覚があります。素材＝ものが活動への意欲や、動機づけになります。また、マーカーや絵の具で描いてみるとつるつるした感触が心地良く、画用紙では持続時間が短い子どもが意外とがんばって画面いっぱいに描いたり塗ったりする傾向が見られます。画用紙＋パス、画用紙＋マーカーの組み合わせではパスの握りぐあいや持ち方など手指に力が入っていない子どもが、「描いた」という視覚的な満足感を得られるように、描画用紙にはつるつるした表面のもの（アート紙でもよい）を選ぶのも有効です。「もう少し集中して描いてほしい」「筆圧が弱い子どもが、描いた！と満足できる方法はないか」など課題があるときの改善方法としていかがでしょうか。

おく先生のミニ講義

子どもたちの興味や意欲を引き出したいときに有効です！

5～6月の0～2歳児はまだ落ち着かないので、造形活動はどのような環境でするのか聞かれることがあります。例えば描画は保育者1対子ども1が適当か、クラス全員でしたほうがよいのかなどです。

楽しい遊びは子どもたちに集中と落ち着きと満足をもたらすことが多いため、思い切って少しずつ始めてみましょう。0歳児はパスなど興味を持つ「もの」を入り口としてほぼ1対1がいいでしょう。1歳児の場合はまだクラス全員ですると落ち着かない時期なので、子どもの姿をよく見て保育者と子どもの人数を考えて少人数から活動することが必要です。2歳児の場合も同様ですが、クラスですることも他児の刺激があっていい場合があるのです。

作品性を求めることなく、子どもたちが楽しく、意欲的に遊ぶ方法を柔軟に考えることです。描画も遊びですから。

パス・マーカーで描く　0歳児 1歳児 2歳児

広がる色を楽しもう

水性マーカーで描いた上から水を吹きかけると、まるで色水遊びのように色がにじんで広がったり、混ざったりします。きれいな色や不思議な色を楽しみましょう。

活動のねらい
- **1歳児** 水をかけた後の色の広がりを楽しむ。
- **2歳児** 色がにじんだり混ざったりすることを楽しむ。

準備するもの

〈大きな紙に描く〉

障子紙、和紙
全紙大、各2枚

模造紙
全紙大4枚
（裏写りしないよう下に敷く）

水性マーカー
赤・ピンク・黄・青・緑の5色

霧吹き
4個

机
台に5～6人座る
（脚を畳んでおく）

セロハンテープ

（図：模造紙／障子紙など／机／セロハンテープで留める）

1歳児　大きな紙に描く

障子紙や厚手の和紙にまず水性マーカーでなぐり描き。画面いっぱいに描けたら霧吹きで水をシュッシュッと吹きかけます。

↓

導入

子どもたちを保育室の一角に集めてマーカーを見せ、「これであそこの大きな紙に描こう」と誘います。保育者に導かれて机ごとに5～6人座ったら、ひとりに1本ずつマーカーを渡して描き始めます。

おおきいかみー

子どもたちがマーカーをひとり1色もらって描き始めました。最初は少し慎重に描いています。

いっぱい、いっぱい

途中でマーカーの色を変えたい子どもがいたら、画面全体が同じような色にならないように留意して2色目を渡します。

> 広がる色を楽しもう

〈自分の紙に描く〉

●障子紙などに描く

障子紙・和紙・ペーパータオル
八つ切大、ひとりどれか1枚

コピー用紙
B4大（裏写りしないよう下に敷く）

水性マーカー
個人持ちのもの8色

霧吹き
4〜5個

机・イス
机1台に4人程度座る

●ポイに描く

ポイ（4号、金魚すくいの、すくう道具）
ひとり1個

コピー用紙
A4大（裏写りしないよう下に敷く）

水性マーカー
個人持ちのもの8色

魚形のしょうゆ入れ
ひとり1個（水を8分目まで入れておく）

机・イス
机1台に4人程度座る

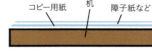
コピー用紙　机　障子紙など

お水をシュッシュッ。見てね

描いた線が変化することに期待を持たせるように言葉をかけながら、保育者が霧吹きで水を吹きかけます。

少し待っていると色がにじんで広がってきます。を子どもたちと共有しましょう。下敷きにした模造紙にも美しい色彩が染みていますよ。感動

保育のポイント

マーカーを有効に使うために

* 0・1・2歳児がマーカーを使うときに気になるのがキャップの扱いです。0・1歳児は基本的には保育者がキャップを管理します。2歳児では自分でキャップを外したりはめたりが徐々にできるようにしていきたいですね。子どもたちの姿によって変わりますので、日常のようすをよく見て判断しましょう。

* なぐり描きの場合は1色の使用を基本に考えますが、にじみや混色を楽しむ場合は多色を使用します。この場合、保育者が暖色系・寒色系でまとめるとよい、黄はどの色と混色してもきれい、黒やうすだいだいなど強い色や効果が出にくい色は外すなど、色彩・混色の効果を考えて選択することが大切です。

2歳児　自分の紙に描く

2歳児は1歳児以上ににじみの変化に興味津々。ひとりひとりがじっくりと変化を見つけられるように自分の紙で楽しみます。

導入

マーカーで描いてから、霧吹きで水をかけるとにじんで広がることを最初に伝えます。「きれい」「すごい」という思いが子どもの心を動かします。マーカーで描けたら保育者が「シュッシュッ」とすることを伝え、紙（障子紙・和紙・ペーパータオルのうちひとり1種）とマーカーを配ります。

障子紙などに描く

「いろんないろでかくよ」

障子紙に描いています。黄色、ピンク、赤など暖色系を中心に使っていますね。

「お水、かけるね」

保育者の手元をしっかり見ています。本当は自分でしたいのでしょう。

「おおきくなったー」

水をかけて少し待つと、色がにじんで広がっていきます。にじみや混色などの変化に気づく感動の瞬間です。

広がる色を楽しもう

作品写真

和紙

ペーパータオル

障子紙

和紙・ペーパータオル・障子紙のにじんだ跡です。にじみぐあいはいずれもきれいでした。障子紙と和紙の描き心地はあまり変わりませんが、ペーパータオルには表面の凹凸があり、マーカーが少し滑りにくいようでした。ほかの紙も試してみてください。

ほかにもこんな活動が！

ポイに描く

金魚すくいのポイを使いました。金魚のつもりで描く、いろいろな色で描くなど、小さい画面に集中します。紙が薄いので重ね塗りしないように注意しましょう。

おみず、あげるよ

魚形のしょうゆ入れから、水を自分で落とします。色の広がりを期待して、ていねいに扱っています。

おく先生のミニ講義

「広がる色」は「ものの変化」

「もの」とは素材のことです。「水性マーカー＝もの」に水を吹きかけたら、色が溶け出して広がったり混ざったりして美しいようすが現れます。ものが変化した状況ですね。造形の定義を「ものにかかわり、ものを変化させること」としたなら、これは造形そのものです。「わぁー、きれい」と目をみはり、大人も子どもも同じように感動しますが、やはり発達的に少し反応に違いがあるようです。

▶ 1歳児は目をみはったり、「きれい」と言ったりする。

▶ 2歳児は広がる色を「大きくなった」と言い、水を吹きかけると色が広がったり混ざったりすることがわかり、見通しを持って何度も試そうとする。

保育者は造形の驚きを共有しつつ、このような子どもたちの成長をしっかり確認しましょう。

> パス・マーカーで描く

0歳児 1歳児 2歳児

なぐり描きの1年を見てみよう!

年度の終わりにひとりひとりの作品をまとめて保護者に渡します。まとめる前にクラスの子どもたちの作品を4月から順に並べて、「子ども」と「保育」の1年を振り返ってみましょう。

準備するもの
クラスの子どもの1年間の作品

活動のねらい
- 年間の作品を通して、(造形)保育を振り返り、子ども理解を深める。

1・2歳児 なぐり描きの変化を見つけよう

なぐり描きには多くの情報が隠れています。年間のまとめとして「子ども」と「保育」に関する情報を読み取りましょう。

1歳児 S君

5月11日。ピンクのパスで描く。(画用紙のサイズはすべて四ツ切)

7月19日。青のパス。しかけあり。5月のなぐり描きの線に戻っている。

6月13日。橙色のパス。前月よりストロークが弱く、全面に描いていない。「サメ、イルカ」の見立てをする。

保育のポイント

なぐり描きの1年を見てみよう

1年間の子どもたちの絵を見てみよう！

* 1年間のなぐり描きを見ることは、保育の振り返りにつながります。子どもの成長・発達、保育の内容との関係を読み取ることができますし、なぐり描きの急な変化からは、そのときの子どもの気持ちや保育者のかかわりの状況を推察する手がかりにもなります。なぐり描きを振り返ることで、より深い子どもの理解と保育の検討ができ、次年度の担任へ送る課題の作成にも役だつことでしょう。

縦1列がひとり分の年間の作品

園内研修風景

4月から順に、ひとり分を1列に、クラス全員並べるのが理想的です。1年の変化と子どもの個性が見やすくなります。

年度末の研修として保育者全員参加が基本です。なぐり描きの見方を理解できるようになるとともに、園全体で子どもと保育の情報を共有できます。

9月1日。黄緑のパス。

3月9日。緑のパス。

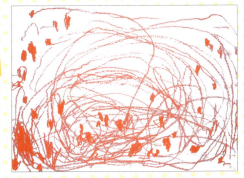

9月30日。赤のパス。

解説 S君のなぐり描きはマーキングのような塗りと曲線の連続線が特徴的です。6月のようななぐり描きの変化は何を発信しているのでしょうか。その日やる気が起きなかったのかもしれませんが、6月のみ「見立て」をしていることから、これ以上描く必要がなかったとも考えられます。また、7月以降は元気なストロークに戻っていますので、変化は一時的なものととらえることができます。

2歳児 Aちゃん

5月20日。水色のパス。画用紙の隅を意識しつつもリズミカルに画面全体を使って描く。（画用紙のサイズはすべて四ツ切）

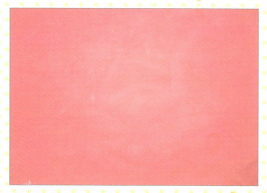

6月17日。濃いピンクの絵の具。一見ピンクの画用紙かと思われるように、全面絵の具で塗って埋めた。

7月11日。青のパス。しかけあり。しかけの部分に線が密集している。

8月19日。青と白の絵の具。2色だが、今回も全面絵の具で塗って埋めた。

8月29日。緑のパス。しかけあり。しかけをあまり意識せず、縦線を往復させて画面全体に描く。

1月13日。水色のパス。糸玉のようではあるが、小さな円形が飛んでいる。

解説 Aちゃんのなぐり描きは、画面を埋めることが特徴です。絵の具では色画用紙かと思われるくらい全面に塗っています。パスのなぐり描きでも画面全体に描き込んでいます。選んだ描画材料の色に青系統が多いのにも気がつきます。

なぐり描きの1年を見てみよう

0・1歳児 発達を見てみよう

年間のなぐり描きから見えるのは、子どもの成長・発達です。どの子のなぐり描きもスムーズに変化しているわけではなく、行きつ戻りつしながら変わっていきます。

0歳児 R君

7月25日。水色のゲルマーカー。八ツ切。ゲルマーカーの線はしっかり描かれている。

9月14日。橙色のパス。八ツ切。きれいな弧を描いている。

1歳児 M君

6月1日。緑のパス。八ツ切。横ぶれのなぐり描き。

8月9日。赤のパス。四ツ切。縦線錯画が出てきた。

12月22日。白のパス。四ツ切。紺色の画用紙に白いパスの線がゆったりと美しい。描画材料によっても線が異なることに留意しよう。

1月26日。水色のパス。四ツ切。なぐり描きの線は薄いが、丸い形が何個か出現し始めている。

おく先生のミニ講義

なぐり描きの変化を見るポイント！ストロークや空間の使い方に注目

ひとりひとりを時系列で見る

急に線のストロークが弱く、使う空間が狭くなったとき、また逆に急に激しいストロークに変わったり激しい塗り込みをしたりした場合などがあります。発達的な変化が見られるはずなのに、1年を通じてまったく変化がない場合も気になりますね。

クラス全体を俯瞰的に見る

子どもたちが意欲的に描いていない時期を発見することがあります。ストロークが弱く画面を十分に使っていないなぐり描きが多く出現する場合などです。

※これらがすべて問題に直結しているとは限りませんので、あくまでも子どもの状況や保育を考えるきっかけとしてとらえてください。

画材から見える保育の環境づくり

年間の作品を並べてみたら、全部同じ描画材料と画用紙だったということはありませんか？ 活動にはねらいがあって、それに応じて物的環境を準備します。わかっていても1年の最後に子どもたちの作品を並べてみると、なぜかパスも絵の具も赤系統が多い、ということがしばしばあるのです。子どもが選んだ場合は別ですが、保育者の無意識の選択による画材の偏りは避けたいものです。画材の準備からも保育の姿勢が見えるものです。造形計画の長期の見通しを持って、ねらいに合わせた描画材料を選択することが大切です。

> はる・配列する

0歳児 1歳児 2歳児

はったりはがしたり
シールで遊ぼう！

1・2歳児は環境の変化で不安になる子どもが多い時期には、ものとの出会いは焦らずゆっくりと、保育者といっしょに遊べるようにしたいですね。0歳児は新しい環境と出会ったところです。しばらくは、興味を示す子どもからものと出会う機会をつくってみましょう。

活動のねらい

- [0・1歳児] シールはりを保育者といっしょに楽しむ。
- [1・2歳児] シールを自分ではることを楽しむ。

準備するもの

画用紙
八ツ切サイズを基本に

ポイント　画用紙の大きさについて

年齢や発達を考慮して、大きさや形（円形や楕円形、季節の果物の形　など）を考えましょう。例えば、0歳児だと手指の巧緻性が十分に発達していないので、小さい紙は難しいですし、1・2歳児なら八ツ切の半分の大きさや変形紙などでも楽しめます。白が基本ですが、シールの色が生きるように画用紙の色を選択するのもいいですね。

0〜2歳児　ペッタン！シールはり

八ツ切サイズの画用紙にシールはりを楽しみます。

導入

「はい、どうぞ！」

子どもの前に画用紙を置き、シールのシートを1枚ずつ渡します。自分でシートからシールをはがせない子どもには、台紙を折ってシールを浮かせ、指でつまめるようにして「はい、どうぞ！」
初めての経験でとまどう子どもには、保育者がいっしょにしてみるのもいいですね。

挑戦中

台紙を曲げて持って、自分ではがそうと挑戦！（0歳児）

複数を組み合わせて

白いシールに、大きさや色が異なるシールを組み合わせて、並べたり重ねたり。（2歳児）

シールで遊ぼう！

シール
丸いシール（直径約5〜20mm）、出席シール（直径約12mm）など

※ 子どもの年齢や発達を考慮して、大きさや色数、量にも留意しましょう。次に示すのは目安です。

0歳児
- 12mm程度（手も指も小さくまだ指先が十分に分化していないので、小さすぎても大きすぎても扱いにくい）
- ひとり1色
- シールは2列ごとに、台紙を切っておく
- ひとり1〜2シート

※ この時期は基本的にシールをひとりではがせないので、保育者が台紙を半分に折ってシールを浮かせ、そのつど子どもに差し出すようにする。

1歳児
- 12〜16mm程度（低月齢児は0歳児に準じる）
- 原則ひとり1色
- 台紙は半分に切っておく
- ひとり2〜5シート

※ 自分でシールをはがせない子どもには、0歳児と同様の準備とかかわりを。

2歳児
- 5〜20mm程度（原則は1サイズ・サイズと色を複数組み合わせると、1色とは違った結果が出る場合もある）
- ひとり1色〜3色（1色と、2〜3色では、色をグルーピングしたり一度はった上に別の色を重ねたりなど結果が異なることがある）
- 台紙は半分でもそのままでも
- ひとり3〜5シート

指先を使って

ポイント
子どもの指の使い方にも目を向けてみましょう。

指先をじょうずに使って台紙からシールをはがしたり、画用紙にはったり。（2歳児）

こんなところにもペッタン

画用紙から続けて床にはっています。（1歳児）

足にもペッタン。（1歳児）

ポイント
予期しないところにはっても、禁止の言葉から入らずに、次にシールを要求した機会などに画用紙のほうへはるように穏やかに促しましょう。

0〜2歳児　ペッタン！シールはり

大きな紙にもペタペタ

大きな紙にはることも楽しめるように、模造紙を床や壁などにはっておきました。

座ってはったり、立ってはったり。大きな画面の好きなところにはれるのが楽しい。（1歳児）

シールをはがす活動も！

はったシールをはがすことに興味を持ち出した子どもたちに、はがせる環境をつくってみました。

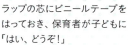

はい、どうぞ

ラップの芯にビニールテープをはっておき、保育者が子どもに「はい、どうぞ！」

保育のポイント

活動にあたって

* 0歳児、1歳児前半は基本的には1対1か少人数で活動してみましょう。
* 2歳児などでみんなでする場合は、準備するシールの数や、「おかわり」のシールの渡し方などに留意しましょう。

ビニールテープをたくさんはった画用紙を床にはり付けで…はがすのを楽しんでいます。

子どもたちの作品

シールで遊ぼう！

画用紙の大きさをいっぱい使えるように。重ねばりも少なくなりました。(1歳児)

指に絡み付くシールと格闘しながら、いっぱいはれたよ！(0歳児)

目と手が届く手元の空間にだけはったよ。(1歳児)

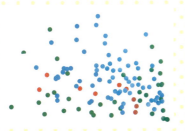
ちょっと小さいシールで。右端からどんどん広げてはっていったのがわかります。(2歳児)

5mmのシールで。完全に配列が生まれ、きれいな線状にはっています。(2歳児)

リズミカルにはったり、並べてはったり。次々とはるうちに画用紙から出ちゃった！(1歳児)

おく先生のミニ講義

遊びに夢中になってきたら

子どもの行為を受け入れ、遊んでいるようすを見守りましょう。でも、いつでもかかわれる態勢でいることが大切です。

子どもたちを見守る視点の例

- シールを台紙からはがしたり、画用紙にはるときの指の使い方
- シールがしっかりはれているか、折れ曲がっているか、浮いているか
  →ほとんどのシールが浮いている場合はそっと指で押さえるよう促します。
- 画用紙にランダムにはる、重ねてはる、配列が見えるなどのシールのはり方
- シールがなくなっていないか
  →1・2歳児は新しいシールが欲しいときは「おかわりちょうだい」など、言葉で言えるように促しましょう。

いろいろな場で シールはりを楽しもう！

0歳児 1歳児 2歳児

壁などの立面、床の平面や、段ボール箱にちょっと手を加えた立体に、シールはりの環境をつくってみました。子どもたちは場所を探索し、見つけた場でシールはりを楽しむでしょう。

活動のねらい　1・2歳児 探索的に場所にかかわり、シールはりを楽しむ。

準備するもの

〈立面や平面にペッタン〉
画用紙
模造紙

〈立体にペッタン〉
段ボール箱
紙芯

〈透明なところにペッタン〉
棚
ビニールシート
透明テープ

ビニールシート（透明テーブルクロスを使用）をはる

2歳児　立面や平面にペッタン

壁や床を利用してシールはりの場を準備してみました！

導入

準備した環境を前に、「お部屋に何があるかなぁ。これ（シール）あげるから、ペッタンしようか」などと誘います。最初はひとりに1枚を渡し、「なくなったらおかわりあるから、先生にちょうだいって言ってね」と伝えてスタート。

ここのばしょでするー

自分の画用紙をもらったような気持ちで、黄緑色のスペースがお気に入りに。

いろいろないろがあるよ

何人もの子どもが黄緑の画用紙の場を気に入り、多色・重ねばりが見られます。子どもの手が届く距離であることも人気の要因。

シールはりを楽しもう！

丸いシール（直径5～20mm）
大きさは、子どもの年齢や発達を考慮する
（P.49「準備するもの」参照）

ビニールテープ

カッターナイフでビニールテープに切り目を入れる
※ 台紙まで切ってしまわないよう力加減を調節する。

台紙（素材例）
・シール台紙の再利用
・牛乳パックやクリアフォルダーを切ったもの
・厚紙にクラフトテープをはったもの

ポイント
ビニールテープについて

- 長さ…正方形に近いほうがよい。
- 色…12色くらいありますが、子どもの年齢やそのときの活動によって、3～5色程度の色と色数を選択しましょう。
- 台紙へのはり方…活動によって、1枚の台紙にシールを15～20枚程度。同色のみにするか、3色混合にするかなどを考えます。
- 枚数…ひとりに5枚以上は必要でしょう。

大小の円形が6か所。それを見つけた子どもが、活動が始まってすぐにシールを各所に1枚ずつペッタン。

ポイント
シール台紙の回収について

はり終えた台紙と引き換えに保育者から新しい台紙をもらいます。台紙を入れる箱を設置し、そこに入れてから新しいシールを保育者にもらいに行くようにしてもいいでしょう（最初に子どもたちに伝えておく）。

「おおきいのとちいさいのがあるよ」

立面に向かってシールはり。子どもの目の前にシールが集中しています。ジグザグのラインが子どもが場所を見つける手がかりになるでしょう。

1〜2歳児 立体にペッタン

大きな段ボール箱を保育室に置きました。どこにシールをはるでしょうか？

「ならんでいるよ」

段ボール箱にトイレットペーパーの芯をはり付けた場で、シールをはる場所を探索します。はりやすい箱の上面や、側面の芯の上の面にシールがいっぱいですね。

「あなのなかにはりたいなぁ」

「ここにもはったのみて―」

子どもたちは構成した環境全体だけでなく、特定の段ボール箱にも探索的にかかわります。突起だけでなく、穴にもシールをはりました。日常の遊びの姿と重なります。

段ボール箱の稜線にシールが並んでいます。はった後をしっかり押さえていないので浮いていますね。「指で優しく押さえてね」と声をかけてみましょう。

保育のポイント

保育の見方について

* ひとりひとりの子どもがどの場所に興味を持ち、どのようにシールをはったか、活動のプロセスをよく見ておくことが大切です。日ごろの子どもの行動の理解につながります。

シールはりを楽しもう！

2歳児 透明なところにペッタン

保育室にある棚に、透明のビニールシートをはりました。

○○ちゃんのかおがみえる。おはなのところにはってもいい？

友達とのかかわりが盛んな2歳児たちは、シールはりを通してコミュニケーションができ、遊びを豊かにします。

おく先生のミニ講義

シールはりの変化と子どもの発達

なぐり描きと同様に、シールはりにも子どもの発達と関連した変化が見られます。手指の巧緻性や空間のとらえ方などと対応して見てください。

①くっついた
シールが画用紙にくっついた。指に絡んで折れ曲がったシールもペッタン。

②自分の前にだけはる
台紙から自分でやっとはがせるようになって、手の届く場所にはる。

③ペタペタとはる
自分なりのリズムで繰り返す。画用紙より台紙のシールをよく見ているので、シールは重なったり離れたり。

④重ならないようにはる
手元と画用紙を見てはる。きれいに分散。

⑤色をグルーピングする
赤・黄・青など、シールの色を選んだり、グルーピングしたり。

⑥重ねてはる
同じところに重ねてはる。どんどん重ねて1cmくらいになる場合も。

⑦空間を見てはる
画用紙の四隅にまずシールをはる。いわゆる四隅押さえという現象。

⑧並べてはる
配列が出てくる。ぐるっと回って、形が閉じることも。

⑨意識して重ねる
大小のシールを準備すると、意図的に重ねてはったり、配列をしたり。意味づけをする場合も出てくる。

※ 0〜2歳児が必ず①〜⑨の順序を追ってシールはりをするものではありません。個人差やはり方の多様性があることに留意してください。

ふわふわした素材を生かして
いっぱいくっつけよう

0歳児 1歳児 2歳児

ふわふわした素材は、のりや木工用接着剤といっしょに使うと手や指にくっついて大変。でも両面テープの力を借りると画面に集中できます。布や毛糸など暖かそうな素材も試してみましょう。

活動のねらい

1・2歳児 素材の感触を楽しんでくっつけようとする。

2歳児 ふわふわのゆきだるまにするつもりで素材を付けることを楽しむ。

準備するもの

ゆきだるま（20人分程度）
色画用紙9色をゆきだるま形に切る。八ツ切大を基本とし、大小があったほうがよい。両面テープを全面にはっておき、子どもに手渡すときは、はくり紙をはがしておく

2歳児　ゆきだるまにくっつけよう

カラフルなゆきだるまにふわふわの雪をくっつける活動です。綿の優しい感触が活動の意欲につながります。

導入

透明ビニール袋いっぱいの綿を見せて「何かな？」次にゆきだるま形の色画用紙を見せて「これなあに？」子どもたちの見立てを引き出してから、「雪をいっぱいくっつけよう」と両面テープをはった部分に保育者が綿をくっつけてみます。

「ピンクがいいなぁ」

活動の場に座った子どもたちに、保育者がゆきだるまを届けます。

「ここにしよう」

両面テープをはった場所を探して雪をくっつけていきます。

いっぱいくっつけよう

綿
ポリエステル綿150〜200ｇ
繭玉くらいの大きさにちぎってふんわりと丸め、透明の大きなビニール袋に入れておく
導入後カゴに分ける

両面テープ
2cm×15mのものを4巻

カゴ
綿を入れる。2〜3人に1個

「ずーっとならべたよ」

ふたりとも縦にはった両面テープに沿ってくっつけていきます。ひとりは真ん中から、もうひとりは右端から順序よく始めました。
C

色画用紙の形に沿ってくっつけています。ふたつの丸ができました。
B

「まるになった」

「ふわふわしてる」

綿の感触を確かめています。いっぱいになりました。下のほうから雪で

「ひとつずつ！」

綿を大量にくっつけないように、ひとつずつが基本です。右側の子どもは左右対称にくっつけていますね。
A

57

> **2歳児** ゆきだるまに くっつけよう

「もうちょっとで いっぱい」

右側から順に、を最後まで守っています。その子なりのルールがあるのですね。Ⓒ

「おめめを つける」

丸く切った黒い色画用紙には両面テープがはってあります。自分ではくり紙をはがしています。

子どもたちの作品

綿を画面にくっつけるプロセスは3人とも違いましたが、最後はどれもふわふわの雪に覆われたゆきだるまになりました。

でき上がったゆきだるまを部屋の壁に飾りました。どれもふわふわの雪に覆われていますが、少しずつ個性が見えて、かわいいですね。

いっぱいくっつけよう

ほかにも こんな活動が！

1歳児なら　手袋・靴下にくっつけよう

1歳児の活動でゆきだるまに綿をくっつける場合は、ゆきだるまの大きさは2歳児で使用した紙の1／2くらいが適当です。写真のように、手袋や靴下の形の紙（いずれも画用紙は1／16切り大くらいが適当）に両面テープをはり、3〜5cmに切った毛糸を5色くらい準備するとカラフルできれいです。

毛糸をいっぱいくっつけました。暖かそうな手袋と靴下です。（ひとり分は基本的には片方です）

保育の ポイント

「ひとつずつ」と「いっぱい」

* 綿を大量に取って画面に置いてしまわないように、ひとつずつ取ってはるように伝えましょう。ひとつずつだと、考えてていねいに画面と向き合います。

* 「ゆきだるまさんをふわふわのゆきでいっぱいにしたい」という思いがこの活動を成り立たせる要因のひとつです。雪がない部分がある子どもには「ここ、ふわふわになってないね」などと保育者もつもりになって言葉をかけましょう。

* 活動途中で素材がなくなりかけると、保育者がすぐに素材を補給しがちですが、「ゆきちょうだい」「おかわりちょうだい」など子どもから要求できるように待つことも大切です。

おく先生の ミニ講義

造形活動と子どもの達成感

乳幼児の造形活動の形態には大別して壁面や段ボール箱などで場を作って探索的に活動する場合と、ひとりひとりが自分の作品を完成させる活動があります。

くっつけたりはったりする活動の場合、探索的な活動で子どもたちは自分が好きな場所でくっつけたりはったり、場を移動しながら活動を楽しみます。子どもによって活動量が違って当然ですし、多様な場を主体的に試し、遊びの満足感が得られる活動です。ひとりひとりの活動では、くっつけたりはったりして自分と画面の間で応答して画面を埋めることが活動目標となり、結果達成感が広がります。

今回の活動では「やった」「できた」という達成感が子どもたちの表情や声に表れました。それぞれの活動目標が異なることを理解して、日々の活動が偏らないようにしたいものです。

はる・配列する

`0歳児` `1歳児` `2歳児`

ふわふわ・キラキラをはってみよう

いつもとちょっと違った「はる」素材を準備してみました。カラフルで、しかもふわふわした感触やキラキラ光る素材との出会いは、子どもたちの活動意欲をおおいに盛り上げます。

活動のねらい

`1・2歳児` 新しい素材と出会い、はることを楽しむ。

`2歳児` 色をグルーピングしたり、配列したりすることを楽しむ。

準備するもの

〈色がいっぱい・ふわふわ〉

デコレーションボール
100円ショップで入手可
〈赤・ピンク・白〉〈ピンク・黄色・黄緑〉〈薄紫・青・白〉〈水色・黄緑・白〉の4種類の色の組み合わせを作り、ひとり分ずつ小さな箱に入れる

こげ茶色の色画用紙
ひとり1枚。四ツ切の短いほうの1辺で正方形を取る（392mm×392mm）

木工用接着剤
ひとり分ずつ個別の皿に入れておく

2歳児 色がいっぱい・ふわふわ

カラフルでふわふわのデコレーションボールをはってみましょう。配色や配列に注目！

 導入

日ごろの保育で親しんでいるキャラクター（今回はオニさんでした）からのプレゼントです。手芸やインテリアで使用するデコレーションボールに、木工用接着剤をチョンと付けると、色画用紙にくっつくことを知らせます。デコレーションボールが入った箱をひとりひとりに渡し、もらった子どもから正方形の色画用紙のところに行き、はるように伝えます。

きれいないろがいっぱい

オニさんからプレゼントされた箱を開けた子どもたちは、きれいな色との出会いにうれしそうです。

チョンとつけて

ひとつずつていねいにはっていきます。

ふわふわ・キラキラをはってみよう

画板
人数分

ぬれぞうきん

〈色がいっぱい・キラキラ〉

キラキラテープ
金・銀・ピンク系・青系・緑系など。キラキラテープに両面テープをはり、正方形に切ったものをシールの台紙にはる

浅い箱
25×20×2cmくらいのもの、ひとり1個。5色ぐらいの色画用紙を選び、箱の外側を覆うようにはっておく。底面を横切るように細めのテープをはり、しかけのラインを作る

ぎゅーっ

画用紙の下端まできたので、また上に向かってはります。

あそこにはれるかなあ

並べてはるうちに紙の端まできてしまいました。次にはる場所を探しています。

いっぱいつながったよ

上へ向けて並べた線は、曲線を描いて下に向かいます。

ここがあいてた

隙間を埋めるようにはっていくと、きれいな色の塊になりました。

61

2歳児　色がいっぱい・ふわふわ

「くっついたかな？」

最初は1列に並べたのですが、その後は配列にはならなかったようですね。

「ゆきだるまさんみたい」

バラバラにはっているようですが、大きいものと小さいものを意識しています。上に積んだものを雪だるまに見立てました。

作品展に飾りました。

おく先生のミニ講義

「はり方」から読み取る

同じ形状の小さなシールなどをはった作品を見ると、子どもたちは多様なはり方をしています。多くの「はる」作品にはいくつかのはり方があり、大きくですが、右のように分類できるのです。

① ランダムにはる（重なり有）
② ランダムにはる（重なり無）
③ 積むように重ねてはる
④ 並べてはる（配列）
⑤ 大小を重ねてはる
⑥ 囲う（形を閉じる）
⑦ 形造る
⑧ その他

0歳児は①・②、1歳児は①〜④、2歳児は①〜⑤のはり方が見られます。⑥・⑦は3歳児以上、特に⑦は4・5歳児の表現に見られます。もちろん、個性や発達の個人差はありますが、「はり方」から子どもたちの成長を読み取ってみましょう。

ふわふわ・キラキラをはってみよう

1・2歳児 色がいっぱい・キラキラ

浅い箱の底面にキラキラテープをはりましょう。箱のしかけにも気づくでしょうか？

「キラキラテープぺったん」

「かみからはずして…」

ていねいにはり始めました。しかけのラインには今のところ強く反応していないようです。

キラキラテープをシールの台紙から、1歳児さんうまく外せるかな？

「よこにもはれるよ」

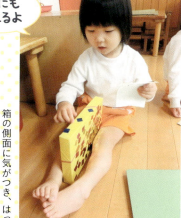

箱の側面に気がつき、はっています。はりやすい姿勢を見つけたようです。

保育のポイント

はって楽しい素材選び

0〜2歳児の活動では、①シールやビニールテープをはる、②色紙や色画用紙をのりではる、などがよく知られています。

今回の活動では、①の系列ではキラキラテープ、②の系列ではデコレーションボールを取り上げました。キラキラテープは光ることがビジュアル的にいつもと違う素材として認識されます。デコレーションボールは美しい色彩を持つ小さな立体であり、指でつまんだときの感触もよい素材です。また、木工用接着剤をデコレーションボールに付けて画面にはるのも新しい体験です。

新しい出会いをねらいとした素材選びで大切なことは、いつもと違う趣の素材を選ぶこと、小さな指でも扱いやすい形状の素材を選ぶことです。

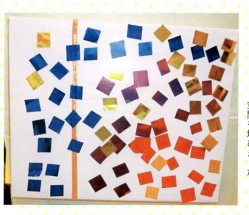

しかけのラインを意識して、4枚のシールをはっています。あとはバランスよく空間を埋めました。

はる・配列する

0歳児 1歳児 2歳児

子どもの思いを活動に乗せて
おなかがすいたよ〜

この時期の子どもたちの思いは、「見立て・つもり」の活動の中に現れます。大好きなブタさんに、ごちそうを食べさせてあげるつもりで、さまざまな素材をのりではってみましょう。

活動のねらい
● ごちそうを食べさせるつもりで、はることを楽しむ。

準備するもの

色画用紙（四ツ切）
動物の形に切ったもの
今回はブタの形で行ないました

画板
ひとり1枚

のり
ひとり1個

のり台紙
のりを塗るとき下に敷く（裏紙など）

手ふき（ぬれタオル）
必要なときに使えるようにしておく

2歳児　ブタさん、ごはんをどーぞ

ブタの形に切った色画用紙にいろいろな素材をはりましょう。

導入

「ブタさんが、おなかペコペコだってないているの」

ブタさんにごはんをあげたいという思いを持てるように語りかけます。

「おなかいっぱいにしてあげてね」

さまざまな素材を、のりでしっかりはることを伝えます。準備した素材が何の食材に見えるかを子どもに聞き、子どもの側からの見立てを受け止めます。保育者のほうから、「これは○○」というように見立てて紹介することは避けましょう。ねらいは、はることです。

ブタさんぺったん

「ぎゅーっておさえたよ」

ふわふわの緩衝材にのりを塗って、慎重にブタさんのおなかにはっています。

おなかがすいたよ〜

はるための素材

（例）緩衝材、小さく切った片段ボールや色画用紙、セロハンテープやフラワーペーパーを丸めたもの、牛乳キャップ　など

多種類の素材を容器に入れて、ひとりにひとつ用意しました。

ポイント
のりはおかあさん指で、ちょっとだけ

2歳前後でのりを使い始めることが多いと思います。保育者がやってみて、ひとさし指1本を使うことと、「ちょっと」というのりの量を示しましょう。

ちょっとだけ

ぎゅうにゅうばっかりになった。ちがうのもあげよう！

ごはんを食べさせてあげるつもりで、ブタさんの口に素材をはっています。

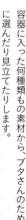

容器に入った何種類もの素材から、ブタさんのために選んだり見立てたりします。

どれをあげようかな

のりをチョンチョン

のり台紙を使わず直接のりを塗っています。これも可。柔軟に対応しましょう。

のり台紙の上に素材を置いて、ていねいにのり付けしています。のり付けの基本です。

ポイント
のりを塗る場所は、どこ？

のりを塗るときは、原則のり台紙などを使います。のり台紙がしわになって使いにくい場合は、粘土板を使用するのもよいでしょう。

2歳児 おなかいっぱいのブタさんたち

ブタさんはおなかいっぱいに食べました。子どもたちの作品です。

「いろいろなものをならべたよ」

最初に牛乳キャップをはってから丸い緩衝材を並べ、次に片段ボールをはった間に細い緩衝材をはり、配列を楽しんでいます。

「まるいのやながいのをならべたよ」

初めに丸い緩衝材を並べてから、別の素材をはりました。配列を楽しんだ場合は、つもりの活動にはなっていないことが多いのです。

「ブタさん、げんきになったっていってる」

素材をいっぱいはれたことが、ブタさんが元気になることにつながっています。

「ブタさん、おいしいっていってる」

ごはんに見える白い緩衝材からはり始め、徐々に別の素材を選択しました。

「おなかいっぱいっていってるよ」

ブタさんの体中に多種類の素材をいっぱいはれたときのつぶやきです。

おなかがすいたよ〜

「これは、め！」

牛乳キャップばかり選んではっています。
ひとつだけ違う素材が…。これが目です。

「ごはんを
たべているよ」

白く丸い緩衝材をごはんに見立てて、
最初にはりました。つもりの活動から素
材への興味へと活動が変わりました。

保育の
ポイント

そのほかの見立て・
つもりの活動例

ホットケーキ

* 色画用紙（八ツ切）でフライパンを作っておき、ホットケーキを作るつもりで絵の具で塗る。
※具は不要。

おいしいごはん

* 色画用紙（八ツ切か四ツ切の楕円形）で皿を作っておき、白色絵の具にでんぷんのりを混ぜたもの（ごはんのつもり）を塗る。細かく切った色画用紙をふりかける（ふりかけのつもり）と、乾いてもくっついている。
※お好み焼きでもOK。

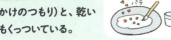

何を持って行こうかな

* 色画用紙（八ツ切か四ツ切）に持ち手を付けてカバンを作っておく。丸や四角、三角の色紙などをカバンに何かを入れるつもりではる。

おく先生の ミニ講義
子どもの発達と
見立て・つもりの活動

行為や操作の活動と意味の活動

0、1歳児では、入れる・出す、並べる、積むなど行為や操作の活動が中心で、見立てや意味付けなどが徐々に出てきます。見立てやつもりの活動＝意味の活動は2歳前後になると盛んになってきます。今回のような、ブタさんにごちそうをあげるつもり、という子どもの思いを乗せた見立てやつもりの活動は、意味の活動が十分に盛んになってからにしましょう。

絵の具で描く・塗る

0歳児 1歳児 2歳児

絵の具でいっぱい描いたよ！

絵の具でなぐり描きをしてみましょう。絵の具っておもしろいですよ！　子どもたちが、描いたり塗ったりする行為を存分に楽しめるように、物的環境の工夫もしてみましょう。

活動のねらい
- 0・1歳児　絵の具との出会いを楽しむ。
- 1・2歳児　絵の具で描いたり塗ったりすることを楽しむ。

準備するもの

筆

絵筆
…12〜16号くらいの丸筆、馬毛（茶色い毛のもの）がおすすめ

スポンジ筆
…割りばしの先にスポンジを輪ゴムでくくり付けたもの。絵筆よりも絵の具の含みがよく、かすれにくい

0〜2歳児 絵の具で描こう

絵の具を思い切り楽しめるように、太い筆を使いましょう。

導入

子どもたちがそれぞれの場所に座ったら、先に画用紙、続いて絵の具を配っていきます。その後、筆に絵の具を付けて渡します。

筆で描く

筆を持ってゆっくり線を描き始めた2歳児。ふたりでひとつの絵の具のカップを仲よく使っています。やがて塗り始めて真っ赤な面に。

「えのぐ、いっぱい」

ポイント

子どもの姿や描画の発達過程を考慮しましょう。

なぐり描きの時期なので、「○○を描こう」と、テーマを決めて始めるのではなく、「きれいな色持ってきたよ。これで描こうか」など、絵の具への興味を引くようにしましょう。0・1歳児の初めは、絵の具を付けた筆を子どもに渡してスタート。経験のある1・2歳児は、筆を入れた絵の具の容器を子どもの前に置いて「どうぞ」と始めることが可能です。

絵の具でいっぱい描いたよ！

絵の具
高濃度（スープでいえばポタージュくらい）線が明快に出て生きる。基本的には1色。複数にするときは混ぜてもにごらない色を選択する

画用紙
0〜2歳児ともに四ツ切サイズ、基本的には白

ポイント　絵の具の容器は？
目安として筆を入れても倒れないもの。0歳児では容器は原則として保育者が管理し、絵の具がかすれたら付けます。1歳児では容器がひとり1個あると安心します。1歳児後半から2歳児ではふたりに1個、慣れてくると3〜4人に1個でも可。ひとり1個手に持って活動する場合は牛乳パックなどを活用しましょう。

ポイント　絵の具との色の組み合わせは？
白画用紙の場合、絵の具はどの色でも可。色画用紙の場合は、絵の具の色を濃淡で選ぶと合わせやすい。

こっちもかく

ポイント　絵の具をいやがる子どもにはどうすれば…？
保育者が神経質になりすぎず、原因を考えてみましょう。絵の具の正体がわからないので怖がったり、いやがったりすることがあります。手を洗うと絵の具が取れるとわかったり、見ていて活動に入るきっかけを探したりしている子どももいます。ひとりひとりの入り口を見つけましょう。

ポイント　絵の具を使い始める適当な時期は？
絵の具との初めての出会いは0歳児（お座りが安定）から可。
※ 筆を口に入れないように注意。体に付いた絵の具を洗う必要があるので、季節は初夏から夏がいいでしょう。

ポイント　2色目の絵の具は？
絵の具は1色が基本ですが、2色目を出す場合は、混色しても濁りにくい白か黄色がおすすめです。

0〜2歳児 絵の具で描こう

スポンジ筆で描く（大きな紙）

じゅうたんのようにはり合わせた模造紙の上に座り込んで、ダイナミックになぐり描き。どこにでも描けて、とても楽しい活動です。

おもしろい

楽しくて手足に塗ってしまう子どもには、「こっち（紙）に描いたほうがおもしろいよ」と声をかけましょう。(0・1歳児)

ビューン！

ながーい線を描いています。スポンジ筆ならではの絵の具の含みですね。(0歳児)

スポンジで直接描く

手でつかめるサイズのスポンジに絵の具を付けて描いてみました。

トントンとスタンピングのようにしたり、くるくると塗ったりするようすが見られました。(2歳児)

絵の具でいっぱい描いたよ！

2歳児 子どもの思いを考えてみよう！

2歳児が絵の具で描いた作品です。

軽やかな線ですね。描いた量は少ないのですが、筆の動きがリズミカルですね。

絵の具の線がとても伸びやかですね。真剣にかつ楽しんで描いたようすがうかがえます。

もう少しで全面を塗ってしまいそうでしたね。ていねいに画面と向かい合っているようすが見えるようです。

空間になめらかな曲線や円が漂っていて、心地良さを感じるなぐり描きです。見立てや意味づけが出てきそうですね。

保育のポイント

活動の終わりはどんなタイミングで？

＊基本は子どもが満足して終わることです。線を描き始めても、最後には一面絵の具に。これもOK。塗りすぎて紙に穴があくようなら、子どもに声をかけて終わりにしましょう。描き足りない場合はもう1枚おかわりを。

絵の具で描く・塗る

0歳児 1歳児 2歳児

いろいろな"筆"を使ってみよう

0・1・2歳児の絵の具の活動が、より楽しくなるように、身近な素材を利用して"筆"をひと工夫しましょう。「かいたよ！」と子どもたちの笑顔とともに、絵の具の活動が広がります。

活動のねらい
- [0・1歳児] 絵の具との出会いを楽しむ。
- [1・2歳児] 描いたり塗ったりすることを楽しむ。

準備するもの

〈描く〉

画用紙
八ツ切（白・紺色）、四ツ切（白2枚をつないで、楕円形に切る）

14〜16号程度の太筆

絵の具
白、山吹色、コーラルレッド
　…いずれも高濃度（とろみがつく程度）に溶いたもの

絵の具を入れる容器

画板

0〜2歳児 いろいろな筆で描く

太筆やスポンジ筆で描いてみましょう！手作りのスポンジ筆は握り心地、描き心地満点です。

スポンジ筆で描く

ミニすりこ木を柄にしたスポンジ筆です。「握る」時期の子どもたちに最適です。（0歳児、八ツ切画用紙）

「かけた！」

「くるりん、とかいた」

割りばしを割らずに柄にしたスポンジ筆は、1歳児ならちゃんと握れます。絵の具をたっぷり含むのでかすれにくいのです。（四ツ切色画用紙）

「いっぱいかけるー」

鍋ぶたのつまみにスポンジを接着剤ではり付けた、手作りのスポンジ筆です。「つかむ」時期の子どもたちに適しています。（0歳児、八ツ切画用紙）

いろいろな"筆"を使ってみよう

スポンジ筆3種

鍋ぶた+スポンジ
…鍋ぶたのつまみ(100円ショップで購入可)にスポンジをはり付けたもの

すりこ木+スポンジ
…ミニすりこ木にスポンジを巻き付けたもの

割りばし+スポンジ
…割りばし(割らずに使用)にスポンジを巻き付けたもの

※ それぞれシリコン系接着剤や輪ゴムなどで留める。

スポンジ筆

〈塗る〉
●トマト　シェービング筆で

トマト型
大(全紙×2ぐらいの大きさ)と小(全紙大)4〜5枚の段ボール板をトマト型に切る。うぐいす色、クリーム色の色画用紙をはり、へたを付ける

シェービング筆
100円ショップで購入可

絵の具
赤系統の絵の具2〜3色。高濃度に溶いたもの。牛乳パックで作った容器をひとり1個

●カボチャ　太筆で

カボチャ型
大(全紙大)と小(四ツ切大)合計4〜5枚の白ボール紙をカボチャ型に切る

14号程度の太筆

絵の具
オレンジ系2色、緑系2〜3色。高濃度に溶いたもの。共同の絵の具容器

太筆で描く

おおきいまるかいたよ

画面は四ツ切色画用紙2枚分の大きさです。紙の大きさと形に沿って線を描きました。2歳児はダイナミックです。

えのぐ、たのしい!

1歳児が14号の筆にたっぷり絵の具を付けて、ゆっくり描いています。安定した美しい線です。(四ツ切色画用紙)

保育のポイント

子どもの現状に合った教材開発を!

* 子どもたちが造形活動を楽しむためには物的環境を整えましょう。絵の具の物的環境とは、紙の質・サイズ・色、絵の具の色・濃度、筆の太さ・長さ、立面・平面など描く場といった条件です。ここでは、筆の持ち方に注目しました。0歳児ではつかんだり握ったりしやすく、絵の具の含みがよい筆が必要です。塗る活動では手と画面が近いほうが塗る感触が伝わりやすいのです。そこで、太筆以外に3種類のスポンジ筆や、シェービング筆を準備しました。筆も、市販、身近なものを転用、手作りなど、子どもの現状をよく考えて、日々教材研究・開発しましょう。

2歳児 いろいろな筆で塗る

シェービング筆や太筆でダイナミックに塗ってみましょう。「〇〇いろになったよ」と絵の具を塗って変化した色面が鮮やかに目に飛び込みます。

トマト シェービング筆で

「トマトさん、あかくなぁれ！」

ひとりずつ牛乳パックで作った絵の具の容器を持ってていねいに塗っています。手と画面が近く、絵の具を塗る感触がよく伝わってきます。

「ここにもトマトみつけた」

立面にあるトマトを見つけて塗り始めます。目線の高さからスタートです。

「もうちょっとうえもぬりたい」

塗った位置は手が届く高さでした。この男児はもっと上部に挑戦です。

「まっかになったよ」

塗るって楽しい。みんなで塗ると、あっという間に真っ赤なトマトになりました。

いろいろな"筆"を使ってみよう

カボチャ太筆で

共同の絵の具容器を使って14号の太筆で塗る活動をしました。全紙大のカボチャ全面に絵の具を塗ることがねらいです。

「オレンジのカボチャにする」

「もうちょっとでできるよ」

「ちいさいカボチャは、みどり」

スタート時、四ツ切大の小さなカボチャを3〜4人が取り囲んでいました。

塗る活動では、全面塗ったという達成感や満足感が味わえます。またやりたい、という気持ちが次への意欲につながります。

おく先生のミニ講義

描画材と画用紙の組み合わせについて考えましょう

パスは力の入れぐあいで多様なストローク（線の勢い）が生まれる描画材、マーカーは太さや透明感、水性・油性など多様な種類から選んで使うことができ、明快で滑らかな線が描けます。絵の具は濃度や筆の太さを変えることで線の表情が変わり、素材の感触を楽しむこともできます。

画用紙との組み合わせを変えることによっても子どもの活動が変わります。マーカー、絵の具で描くと、表面がつるつるしたアート紙やセロハン、ビニールでは線は滑らかに描けます。また、大きい紙ではダイナミックな表現が、小さい紙では集中力が発揮され、変形紙や仕掛けの紙では変形箇所や仕掛けを子どもが意識して描こうとします。子どもの現状をとらえ、活動のねらいに合わせてこれらを選択しましょう。

絵の具で描く・塗る

0歳児　1歳児　2歳児

大きい紙に絵の具で描こう

開放的な空間は子どもの心を開きます。模造紙をつないだ広い空間や、紙の大きさが活動のレディネス（動機づけ）になるのです。思い切って大きい紙を準備してみませんか？

活動のねらい
- ダイナミックに描いたり塗ったりすることを楽しむ。

準備するもの

スポンジ筆
割りばしの先にスポンジを輪ゴムで縛った物（この事例では、スポンジの幅は4～5cmがよい）

ポイント

スポンジ筆のいいところ
- 絵の具の含みがよく、継続的に描ける。
- 付けた絵の具がポタポタ落ちない。
- 簡単にいろいろな太さのものが作れる。

2歳児　大きい紙に描こう！

体を移動させながら描いたり、塗ったりできる環境です。導入で子どもたちと「どこに描こうかな」と環境全体を見渡してから活動を始めました。

導入

子どもたちに、紙をはった場所と絵の具を置いた位置をわかりやすいように伝えてから、活動を始めましょう。

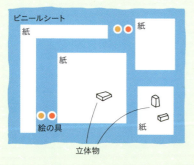

存分に塗れる大きい紙と立体物、細長い紙。子どもが動きやすいように4つの描画空間を適度な距離をあけて構成しました。

さぁ、描くよ

てん、てん、てん…

5人が並んで一斉に、スポンジ筆でゆっくりと点を描き始めました。友達の行為をよく見ているのですね。

ポイント

大きい紙の配置（環境構成）の留意点
- 子どもの視点から見て、大きさを感じる構成であること。
- 何人かでいっしょに描く空間や、ひとりでこっそり描き出す空間など、多様な描画行動を示す子どもに対応できるように、大小いくつかの描画空間があること。
- 移動しやすいように、それぞれの描画空間に適度な距離を空けること（紙の上に乗って描くことも可です）。

大きい紙に絵の具で描こう

絵の具
濃いめに溶いておくこと
2色以上使用する場合は、混ざっても濁らない組み合わせにすること

(例) 2色の場合
同系色や濃淡で
- 赤・朱色・ピンクの場合×黄色
- 赤・朱色の場合×ピンク
- 青・緑・黄緑・水色の場合×黄色
- 青・緑の場合×黄緑、×水色

混ざると薄紫に
- ピンク×水色

絵の具を入れる容器

紙
模造紙全紙4枚をはり合わせた物、2枚はり合わせた物(2枚)、全紙を縦4枚に切ってL字にはり合わせた物

立体物
段ボール箱(大1個、小3個)。模造紙で包み、動かないように平面に固定しておく

ビニールシート

「まがりまーす」

模造紙の広い面に沿って描いたり塗ったり。スポンジ筆は気持ち良く描けます。

「シューッってかける」

細長い紙に自分が一度に描ける長さの線を描いています。次は左へ移動してもう1回。何回も繰り返します。

「あかにする」

黄色と朱色。混ざっても濁らない2色を準備しました。

> **ポイント**
> **ワクワクする活動との出会い方が大切です**
>
> 2歳児では紙の大きさに緊張したり、大きすぎて描ききれなかったりするのではないか、という質問を受けることがあります。それは保育者が心配しすぎて楽しい環境をつくれない場合が多いのではないでしょうか。だいじょうぶです、保育者が思い切って挑戦してみることです。

2歳児 大きい紙に描こう！

立体物に

「こっちもしてみよう」

やっと側面に気づく子どもが出てきました。3人で立体物を囲んで楽しそうですね。

平面に思う存分描いてから、立体物にも描き始めました。上部限定で塗りを楽しんでいます。

細長い場所に

「いろがちがうよ」

移動して長い線を描きました。友達が朱色で描いた上から黄色でなぞっています。色の変化にも気づいたようです。

いっぱい描きました！

広い空間が絵の具で埋まりました。最後は線がずいぶん消えてしまいましたが、子どもたちの楽しい遊びのあとがいっぱい詰まっています。

保育のポイント

大きい紙に描くいい点は？

＊大きい紙に描く場合、腕を大きく動かしたり、体を移動させながら描いたりします。大きな動きは気持ちをリラックスさせ、心身の開放感をもたらします。また、「いっぱい描いた」という視覚的な満足感も味わえるでしょう。

大きい紙に絵の具で描こう

2歳児 そのほかの実践例

画用紙の形や素材に変化をつけた実践例もご紹介します。

「むしさん、ピンクにしてあげる」

二ツ切の黒い画用紙から切り抜いた巨大なカブトムシ。虫が大好きなクラスでしたので、虫の形の紙を数種類準備しました。かわいい色や明るい色にしてあげています。

「かける！」

保育室の壁に発泡シートをはり巡らせました。ひとり1個、牛乳パックで作った絵の具の容器を持って、描きたい場所を探します。

四ツ切画用紙の長辺をはり合わせ、円形にした画用紙です。ひとり1個の絵の具のバケツも、安心して描ける条件のひとつです。

おく先生のミニ講義　0・1歳児の場合にはどのような活動ができる？

発達に沿って環境を変えてみましょう

- 0歳児の子どもたちは基本的には移動しませんので、模造紙の上に座って描ける場を作りましょう。スポンジ筆も小さめの物を使ったほうがいいですね。
- 1歳児は立ったり座ったりして描けるように机に模造紙をはって描く場を作ります。段ボール箱を置く場合は、低めで上面に描いたり塗ったりできるものがよいでしょう。

絵の具で描く・塗る

"ぬる"遊びを楽しもう！

刷毛のように幅広くて柄の長い筆や太い筆と、濃いめに溶いたたっぷりの絵の具を準備しましょう。それぞれの場所でのびやかに"ぬる"遊びが広がります。

活動のねらい
● 体ごと塗る遊びを楽しむ。

準備するもの

筆
太くて長い筆、12号程度の筆

絵の具
濃いめに溶く
朱色、オレンジ色、やまぶき色（混ざっても濁色にならない色を選ぶとよい）

小さめのバケツ（溶いた絵の具の容器）

模造紙

透明ビニールテープ

2歳児　広い空間で塗る　思い切り塗る

子どもの背丈の倍くらいの高さの箱と、移動して塗れる広い場を作りました。

↓

導入

空間や筆との出会いを大切にします。特に筆の長さと箱の高さに注目するように子どもたちの背丈と筆を比べるなどしてみます。

「うえまでとどくよ」

絵の具を付ける前に長い筆で届くか試してみます。

「ぬるよー」

初めは自分の目の高さから塗り始めました。

"ぬる"遊びを楽しもう！

- **段ボール箱**
  子どもの背丈の倍くらいの高さになるように積んで模造紙をはっておく
- **牛乳パック（約40個）**
- **両面テープ**
- **セロハンテープ**
- **ビニールシート**
- **スモックまたは汚れてもよい服**
- **ぞうきん**
- **タオル（活動後のシャワーなどの準備）**

ポイント　環境構成

保育室一面の模造紙。塗ることをダイナミックに楽しめるように工夫しましょう。

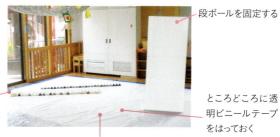

- 段ボールを固定する
- 牛乳パックの上下を切り取って開き、三角柱にして並べる
- ところどころに透明ビニールテープをはっておく
- ビニールシートを敷いた上に模造紙を敷く

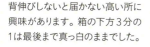
うえまでぬった！

背伸びしないと届かない高い所に興味があります。箱の下方3分の1は最後まで真っ白のままでした。

えのぐ、はじくー

透明ビニールテープがはってある所に絵の具を塗っています。何度塗ってもはじくのが不思議です。

牛乳パックのしかけには、なかなかかかわりません。周りの空間に描いていきます。

2歳児 広い空間で塗る　思い切り塗る

「カタカタいうよー」

音を楽しみながら、抵抗があるしかけの上を移動して塗るのも、長い筆があってのことですね。やっと牛乳パックに塗り始めました。

「まるにはいった」

自分を囲みました。長い筆と広い空間で、体ごと活動しています。

「すごーい。いっぱいぬったー」

平面も牛乳パックも朱色の世界になりました。躍動的な子どもの姿は、本当に楽しそうです。

この広い空間を2歳児がこんなに塗りきりました。視覚的にも塗ったことが確認できて満足感でいっぱいです。

ポイント
活動のプロセスを観察しましょう

塗る場所の選択と塗り方の展開がポイントです。初めは巨大な段ボール箱のように興味を引く場所と、床面の模造紙部分のような安心して塗れる場所に子どもたちが分かれました。牛乳パックのしかけに興味を示すのは少し時間がたってからでした。興味を引く場と安心する場の両方があると活動がうまくスタートします。塗り方を見ると、初めは印を付けるように線を描き、だんだん線の間を埋めるように塗っています。初めからゴシゴシ塗ることはないようですね。

"ぬる"遊びを楽しもう！

2歳児 個々の空間で塗る

タマネギ掘りを経験した子どもたちが、塗るねらいでタマネギをすてきな色に変身させています。

タマネギ形を塗る

二ツ切の画用紙を使ったタマネギ形の紙に塗ります。
準備：タマネギ形の画用紙、筆、濃いめに溶いた絵の具

塗ることがねらいですが、初めは慎重に描いていますね。画面が大きいので絵の具のカップはひとり1個ずつあります。

この子どもは全部塗りました。塗りきったという達成感にあふれています。塗り方には個人差がありますので、その子の力を受け止めてください。

保育のポイント

1歳児のための環境構成

＊1歳児クラスでダイナミックに遊びたいときは、模造紙の空間を狭くして、段ボール箱は上面にも絵の具が塗れる大きさのものを2～3個準備し、床の模造紙に固定しておきましょう。筆も太めのふつうのものを準備します。

塗ることをねらいとした活動

＊0～2歳児の絵の具を使用したなぐり描きは、線を描くことをねらいにしても最後には線が残らず、結果的に塗ってしまった、という場面に出会います。大まかにいうと0～1歳児は塗ってしまったという時期、2歳児では塗ることをねらいにできる時期です。塗ることをねらいとした活動には、今回紹介したような広い場や大きい立体などにダイナミックに塗る活動や、タマネギなどをすてきな色にするつもりで塗る、のように意味を持たせた活動があります。塗る活動の達成感、空間の色の変化の体感は、次の造形活動への意欲につながります。

おく先生のミニ講義

「描く」と「塗る」

「描く」はDrawing、「塗る」はPainting、線描と面描です。0～2歳児のなぐり描きはDrawing、ぬたくりはPaintingにあたります。0～2歳児の場合、意図的に「塗る」場合もありますが、「描く」活動の集積で塗ってしまった描画が多いと思われます。線描であっても触知線のような感触的な線が集積する場合もあり、絵の具の感触が塗る行為へと誘い、結果として面描になったりもします。独立した線で描画したものを絵の具で塗ってしまわなくなるのは3歳くらいで、描いた線を絵の具で塗りつぶすのではなく、描いた線の内部を塗る方向へ変化します。個人差はありますが、形の出現と関連が深いといえるでしょう。

絵の具で描く・塗る

0歳児 1歳児 2歳児

池をお水でいっぱいにしよう

カエルさんやオタマジャクシさんのために、池にお水をいっぱい入れてあげたい。水を入れてあげるつもりで絵の具を塗る活動です。日々の暮らしの中から楽しい造形活動のテーマを見つけましょう。

活動のねらい
- カエルさんへの思いを持って活動を楽しむ。
- 池に水を入れるつもりで絵の具を塗ることを楽しむ。

準備するもの

絵の具
濃いめに溶いた2種類の水色
（群青色+少なめの白、青+多めの白）

筆
12〜14号程度、ひとり1本

絵の具の容器
牛乳パックの上部を切り、提げ手を付ける
ひとり1個

2歳児　池にお水を入れる

どの池にお水を入れようかな？　カエルさんが喜ぶ場を見つけて、ていねいに絵の具を塗りましょう。

導入

カエルになった保育者が登場。「池にお水がないので困った」「お水入れてくれる？」などの応答をします。次に「これでお水入れてね」と絵の具と筆を提示し、使い方を伝えます。その後、ひとりひとりに絵の具と筆を渡して活動を始めます。
※ 保育者がカエルを演じる代わりに、カエルのペープサートやパペットを使ってもOKです。

お水を入れてあげよう

模造紙2枚大の池には紙皿や坂道が付けてあります。子どもたちは平面からそーっと塗り始めました。

ポイント
絵の具と筆の使い方と注意点

筆を容器の縁でチョンチョンとして余分な絵の具を切るとポトポト落ちないこと、描けなくなったら筆に絵の具を付けること、池の中には入らないこと、ゆっくりていねいに塗ること（お水を入れること）を、カエルさんからのお願いとして伝えましょう。

池をお水でいっぱいにしよう

紙皿
浅めのものと深めのもの
各4〜5枚（直径20cmくらい）

坂道
ケント紙で作ったもの2個
模造紙の池にはり付けておく

小さな円すい形
ケント紙で作ったもの20個程度

模造紙
6〜7枚程度
池をイメージしていろいろな形に切る

段ボール板
模造紙よりやや大きめにカットする

段ボール箱
縦40×横40×高さ10cm程度、
1〜2個

養生テープ
段ボール板を床に固定する
（白が望ましい）

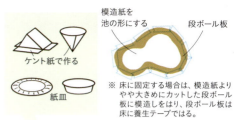

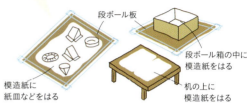

※床に固定する場合は、模造紙よりやや大きめにカットした段ボール板に模造紙をはり、段ボール板は床に養生テープではる。

さかみちのところにもおみず

坂道の上面を塗り、その周りを囲い、そして平面を少しずつ塗り始めました。

ここにもおみずいれよう！

この場でも、まず平面に線を描いて、次に紙皿にお水を入れていました。

まある

小さな円すい形の中にお水をちょっと入れてから、周りを囲んでいきました。

この池の左端でも、同じように円すい形にお水を入れて、大きく囲いました。場所へのかかわり方に子どもなりの順序があるようです。

2歳児 池にお水を入れる

お水を入れて
あげよう

おみずいっぱい
はいったねー

箱型の池は大人気。何人もの子どもたちがお水を入れて、いっぱいになりました。

しゅー

紙皿の縁を塗っています。時間経過とともに気づきが多様になってきます。

ここにもぬるよ

活動が進んでいくと、空いたところを埋めるように塗り進め、池の水がどんどん増えていきました。

えのぐをぬるの
おもしろい

豪快に塗っています。水を入れているというより、絵の具の塗りを楽しんでいます。

ぜんぶぬるの

濃い水色で描かれた線のすき間を薄い水色を塗って埋めています。たっぷりと水が入ってカエルさんも大喜び。

池をお水でいっぱいにしよう

オタマジャクシを泳がせる

「オタマジャクシさんおいけだよー」

「ありがとう」

カエルさんの友達のオタマジャクシさんを作って、池に泳がせています。子どもが小さなビニール袋にフラワーペーパーを入れ、その上部を保育者が輪ゴムでくくります。かわいい目は子どもがはりました。

保育のポイント

カエルさんへの思いが活動の意欲につながる

＊造形活動は主に絵の具や粘土などのもの＝素材との出会いが活動のきっかけになり、ものへの興味が活動を継続させます。2歳前後になってくると、子どもたちが日常的に興味を持っているものへの思いをプラスすると、目的が持ちやすくなり活動の意欲にもつながります。

＊「カエルさんへの思い」や「お水を入れるつもり」の活動では、持続時間が短い子どもにも「お水いっぱい入れたら、カエルさん喜ぶよ」「この池、お水少ないね」などとつもりの応答ができ、気持ちを動かすことばがけができるでしょう。

＊0〜2歳児での「池をお水でいっぱいにしよう」のようにテーマがある活動では、カエルの形を描くことを目標にするのではなく、あくまでも活動のきっかけにすることを忘れないでください。

おく先生のミニ講義

日々の暮らしの中で造形の芽を見つけ、育てる

子どもたちの日々の遊びの中には、造形活動につながるさまざまなヒントが詰まっています。玩具で遊ぶときの子どもの行為や操作、散歩で感じた自然や見つけたもの、大好きな絵本に出てくる動物など、0〜2歳児が身近な環境で出会うものやことが造形活動の芽です。
カエルさんに出会ったことが芽、その芽を見つけた保育者が子どもたちと共に大切に育てた結果、子どもたちにカエルさんへの思いが育ったのです。芽が見つからないときはそっと種をまき、育てましょう。楽しい造形活動が広がります。

絵の具で描く・塗る

0歳児 1歳児 2歳児

めだまやき できたよ

冬から春に向かう季節になると、2歳児たちは、つもりの活動やごっこ遊びを盛んにしています。大好きなたまごを料理するつもりで、絵の具で存分に遊んでみましょう。

活動のねらい
● めだまやきを作るつもりで、絵の具の遊びを楽しむ。

準備するもの

色画用紙
濃色5色。四ツ切から最大限の大きさでフライパンの形を取る

2歳児 めだまやきを作るつもりで

子どもたちが大好きなめだまやき。保育者も子どもたちも、初めから終わりまで「つもり」を忘れずに楽しみましょう。

導入

楕円の画用紙を見せ、「何かな?」次に黄色の小さな円形の色画用紙を取り出して「何だろう?」。2枚を合わせると「めだまやき」。コンロのつもりの画板の上に色画用紙で作ったフライパンをあらかじめ置いておきます。「好きな色のフライパンのところに座ったら、コンロをスイッチ・オンするから待っていてね」と伝えて、画板の前に子どもたちを誘導します。子どもたちが座ったら、白い絵の具を配って、スイッチ・オンします。

白い絵の具だけで

おりょうりしまーす

フライパンが温まったらお料理スタート!
白い絵の具で描き始めました。

ポイント　現実的な応答になったら?

保育者がお母さんのようにエプロンをする、シェフになるなどして、色画用紙を切って作ったフライパンを見せて、「これなあに?」と聞いたとしても、子どもたちは「かみー」と答えたり、「いいにおい、これ何のにおいかな?」と言っても、子どもたちは「きいろー」と答えたり、現実的な応答になるときがあります。造形活動のみならず、日常でも保育者と子ども間で見立てや意味付け、つもりの応答があまりされていないのではないでしょうか?　象徴機能がどんどん膨らむ時期です。イメージする力につながる応答を心がけましょう。

めだまやきできたよ

絵の具（白・黄色）
濃いめに溶く

溶き皿（カップ）
各色グループに1〜2個

筆
太筆12〜14号

画板あるいは脚を畳んだ机
調理台のつもり

保育のポイント

保育者も「つもり」の活動を！

＊ 子どもたちがそのつもりになって楽しんでいるのに、保育者が「つもり」を忘れては何もなりません。「いっぱい絵の具塗ったね」などのことばがけではなく、「フライパンいっぱいになったね」「いいにおいがしてきたね」など料理しているつもりで言葉を選びましょう。最後のかたづけが終わるまで、つもりで楽しみましょう。

白い絵の具でひとつ焼き上げました。いくつ作るのかな？

めだまやきできた

おおきいのになった

白身がどんどん大きくなっていきます。
塗ることが楽しくなってきたのですね。

じゅうじゅういってる

白身のつもりで描き始めました。どんなお料理をしているのでしょうか。

89

2歳児 めだまやきを作るつもりで

黄色い絵の具もどーぞ

「みてー、たまごみたいになったよ」

黄色い絵の具を使ったら、急にめだまやきのイメージがわいてきたようです。

豪快に広げた白身の上に黄身を重ねています。最後にはスクランブルエッグになりました。C

「きいろいもつかう」

白い絵の具で描いた上に黄色で塗り重ねています。絵の具の色を楽しんでいるのですね。A

「たまごでいっぱいにしてるの」

1個目のめだまやきの後はフライパンを白い点で埋めていましたが、さらに黄色の点でも慎重に埋めだしました。B

「おおきいめだまやきできた」

白身の真ん中に黄身を塗り込んでいます。もうすぐ全部黄身になりそうです。

めだまやきできたよ

めだまやき完成！

B は、初めに作っためだまやきを大事に残して料理完了。A 、C など、最後はスクランブルエッグになったものもあります。どのたまご料理もおいしそうですね。

おく先生の ミニ講義

0〜2歳児の描画と「テーマ」

0〜2歳児のなぐり描きでは、基本的にはテーマは不要です。「春」らしさを求めてパステルカラーの絵の具で描くときも、「春の絵」を描くのではなく、「春の妖精から絵の具をもらったよ」と話してパステルカラーの絵の具を出してなぐり描きのきっかけをつくることをおすすめします。同様に白い絵の具を「雪の小人さんからもらったよ」と渡してみましょう。大切な人や絵本に登場するものからもらったつもりで描くこともレディネス（動機づけ）になります。そして、子どもたちが描くプロセスや描き終えた後の声に耳を傾けてください。その子のお話が膨らんでいるでしょう。

絵の具で描く・塗る

0歳児 1歳児 2歳児

スタンピングを楽しもう！

ブロックやトイレットペーパーの芯に絵の具を付けて押してみると、写った！ 段ボールを筒にした手作りのスタンピング材もきれい！ 次々と写る色や形が遊びの意欲を引き出します。

活動のねらい

- **0・1歳児** トントンと押すリズムを楽しむ。
- **1・2歳児** 身近なものでスタンピングを楽しむ。
- **2歳児** さまざまなものの形が写ることを楽しむ。

準備するもの

スタンピング材（版材）

ボトルキャップを重ねた物

段ボールを巻いて筒にした物

トイレットペーパーの芯

ブロック

風船に片栗粉を入れた物やボールをネットで包んだ物

2歳児 スタンピングを楽しもう！

写る不思議や、色の変化などを子どもたちに発見してほしいと思い、スタンピング材や絵の具の色の準備と出し方に工夫しました。

導入

「トントン…絵の具を付けて、紙にギュー」保育者がスタンピングをしてみます。2～3回して、押した色が付かなくなったら、もう一度絵の具を付けることをここで伝えます。

ブロック

ゆっくり！

8個のドットが出てくるのがおもしろくて、画面の空いた所を見つけてはていねいに押していました。

ポイント 写る不思議やスタンピングの楽しさが伝わるように

絵の具を付けて押す、ルールがある遊びですので、最初に保育者が押してみることから入るのですが、スタンピングのしかたを説明するのではなく、スタンピング材、絵の具、紙とどのように出会うかが大切になります。例えば、2歳児では絵の具を付けないでスタンピング材を押してみて、「あれ～なにもないねー」。次に絵の具を付けて押してみて「写った！」と驚くなど、ちょっとした演出があれば興味がわいてくるでしょう。

スタンピングを楽しもう！

ポイント
スタンピング材の選び方

スタンピング材は次のような視点から選びましょう。
- 子どもに親しみがあるもの。育てた野菜なども使ってみましょう。
- 握りやすいもの。
- きれいに写るもの。
- 押したときの形がわかりやすいもの。
- 線や面に写るもの、など。

0〜2歳児の発達を踏まえて準備することや、保育者が試してみることをお忘れなく。

絵の具
濃度は濃いめ
薄いとはっきり写りません

画用紙
四ツ切白画用紙
1／16切り色画用紙（ピンク・水色：2枚目をしたい子のため）

画板

ぞうきん

スタンピング皿

タオル（2枚重ね）、または薄いスポンジ
絵の具を染み込ませる
トレーや缶のふた

トイレットペーパーの芯

きれい

オレンジ色の後に朱色の絵の具が出てきました。くっきり写るので満足感いっぱいです。

まる、まる

段ボールより繊細な線が出ます。きれいな丸がうれしいようですね。

| 2歳児 | スタンピングを楽しもう！

段ボール

「みずいろにする」

青から水色に変えたいのですね。左手にはしっかり別のスタンピング材を確保しています。

小さな紙に

「ゆっくりおさないと…」

もっとしたい子どもは2枚目に挑戦。「ゆっくり」を覚えているようです。

保育のポイント

環境構成の留意点

* 1、2歳児ではスタンピング皿はふたりに1個が理想的です。今回は4人にひと組準備しましたが、ポイントは子どもの手が届くということす。スタンピング材は必ずひとりに1個あるようにしましょう。

* 0歳児や1歳児の前半では、保育者が絵の具を付けてあげます。それ以降の年齢では子どものようすをみながら、自分で付けるようにしていきましょう。

おく先生のミニ講義

スタンピングにおける子どもの姿

写ったときの喜びは0・1・2歳児共に同じ。でも、少しずつ興味に変化が！

▶ 0歳児はスタンピングというより、たたいている感じ。割りばしを付けたたんぽでトントンしたり、なぐり描きのように描いたりします。

▶ 1歳児はトントンと押すリズムを楽しんでいます。スタンピング材を紙にこする子どももいますが、慎重に押す子どももいます。

▶ 2歳児はしっかり押すようになってきます。スタンピング材の違いや色に興味を持って自分なりにいろいろ試す姿が見られます。

スタンピングを楽しもう！

2歳児 子どもたちの作品

絵の具の色は、オレンジ色＋朱色、水色＋青の濃淡2パターンを準備しました。同じスタンピング材で2色使えるように、淡い色を初めに出し、途中で濃い色を出しました。色の変化に気づいてほしいと思って黄色も準備しておき、青グループにのみ最後に出してみました。

水色＋青＋黄色

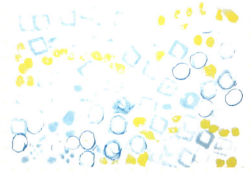

ブロック以外のスタンピング材を使用。ひとつひとつが重ならないようにていねいに押していますね。

手前にどんどん重ねて押しています。黄色を使ったら「緑」に変化したことを発見しました。

目の前にあるすべてのスタンピング材を使っています。スタンピング材そのものに興味を持ったようです。

オレンジ色＋朱色

重ならないようにスタンピング。このような子どもの場合、シールやのりでも重ねないではることが多いのです。

トントンと早いリズムで楽しんでいます。くっきり写すにはスピードダウンを。

画面全体に押していますが、調子が乗ってくるとトントン。2枚目も同じ。友達から「ゆっくりね！」と声をかけられていました。

感触を楽しむ

小麦粉粘土楽しいな！

粘土の特質といえばまず可塑性。つつく、握る、伸ばすなど、子どもがかかわるとそのまま形を変えてくれる性質です。0〜2歳児が安心して楽しく遊べる小麦粉粘土を準備しましょう。

準備するもの

小麦粉 250g

水 110ml

塩(少々)

サラダ油(少々)

食紅(少々) 着色する場合のみ

ボウル

※ 粘土の量は子どもの人数によります。ひとり約100〜150gを目安として、多めに作っておきましょう。

活動のねらい

0・1歳児 小麦粉粘土との出会いや感触を楽しむ。

1・2歳児 小麦粉粘土の感触や粘土操作※を楽しむ。

※ 粘土操作とは、つつく、握る、伸ばすなど、粘土を変化させる操作のこと。

2歳児 小麦粉粘土の感触を楽しんで…

まずは小麦粉粘土だけで遊びます。感触をたっぷり楽しみましょう。

導入

にゅーっ！ふしぎだねー

小麦粉粘土の変化を子どもたちに見せた後、塊を各グループのテーブル(脚を畳んだ状態)の上に置いていきました。

感触を楽しむ

ゆびでそーっと

柔らかい小麦粉粘土を指で押してみました。3人の視線がしっかりと指先と粘土に注がれています。

まあるくなあれ

真剣な表情で丸める操作をしています。丸めた粘土を机の上に並べました。

ポイント 導入では子どもに合わせた出し方を！

● **粘土大好きの子どもたちの場合**
子どもの両手に載るぐらいの大きさの粘土を、直接手渡して活動を始めてみましょう。もらった瞬間うれしくなります。

● **初めてのときや触るのがいやな子どもがいる場合**
机の上や粘土板の上に、「どうぞ」と声をかけて置いていきます。保育者の触ってほしい、という思いは秘めておいてください。

小麦粉粘土楽しいな！

【小麦粉粘土の作り方】

① ボウルに小麦粉、塩、サラダ油を入れる
② ①に水を入れる（着色する場合は水に食紅を溶かしておく）
③ 粘りが出るまで手でよくこねる

※ 遊ぶまでに時間がある場合は、ビニール袋やラップなどで密封して冷蔵庫で保管しておきましょう。

木の棒、ストロー、ドングリ
基本は粘土だけで遊びますが、ほかの素材を加える場合は細かくて同じ形のものをたくさんそろえておくことが適当でしょう

段ボールの板をビニール袋に入れたもの
遊んだものをここに置いて、保護者に見てもらえるよう、その日だけ展示するのもいいですよ

ポイント
硬さはどれくらいがいい？
耳たぶくらいの柔らかさ。0、1歳児が指を入れるとすーっと入る程度です。

ポイント
どれくらい日もちする？
使い切りが基本ですが、密封して冷蔵庫で保存すると1週間ぐらいでしょう。

のびたぁ

粘土の塊を両手でつかんで豪快に伸ばしています。粘土の変化に興味津々。

ビヨーン

粘土を伸ばしてみたら、「あれー、向こうが見えた」。よく伸びるのも小麦粉粘土の性質です。

小さな手指で細く伸ばすのもこの時期の子どもの粘土操作のひとつです。本当に繊細！

子どもが遊んだ後

粘土の塊を重ねてから、ペタペタとたたきました。

粘土遊びの基本は粘土と手だけで遊ぶこと。多様な粘土操作が見えますね。

1歳児 粘土にほかの素材をプラスして

小麦粉粘土で十分に遊んでから、木の棒やストローなどを渡していきます。

「こんなのあるよ」と声をかけて各テーブルにほかの素材を置いていきます。

これ、〇〇ちゃんの

ヘビのようにでーんと伸びた粘土に並べてさした素材。自分がしたものをアピール。

こっちにつける

棒状の素材が密集しているので、横からさそうと試みています。両手に素材を持っているのが1歳児らしいですね。

小さな粘土の塊1個に棒状の素材を1本ずつ、ていねいにさしていきます。

触るのをいやがるA君

保育者といっしょに小麦粉粘土を触る友達を、ちょっと離れてじーっと見ています。

ちょっとおもしろい

棒状の素材を見つけて、粘土にさしてみます。まだ、直接粘土には触れていませんね。

きもちいい

見る→間接的に触る→直接触る。ゆっくり時間をかけて粘土で遊び始めました。触らなくても「見る」姿は、興味を持っているということですね。

小麦粉粘土楽しいな！

見立てや ごっこで遊ぶ

お弁当作りの素材として小麦粉粘土を使ってみました。

小麦粉粘土をちぎったり丸めたり伸ばしたり。お弁当パックに次々と入れていきます。

ごちそうがいっぱいできました。
粘土をドングリやモールで飾っています。おいしそう！

保育のポイント

保育者の援助について

ワンパターンのことばがけをしていませんか？

＊粘土を丸めると「おだんご」、伸ばすと「うどん」。最後はいつもごっこで終わる。こんなときは保育者のことばがけを変えてみましょう。子どもの活動は多様ですから。

保育者が形を提示していませんか？

＊ちぎる、伸ばす、丸めるなどの粘土操作を楽しむ時期です。保育者が先にじょうずな形を作って見せると、「せんせいつくってー」と自分でしなくなる場合もあるので注意。

おく先生のミニ講義

小麦粉粘土のいいところ

感触がいい
触ると良い気持ち。ずーっと触っていたいと思える素材です。

よーく伸びる
粘土の中でも粘性が抜群です。小さい力で伸ばしたりちぎったりなどの粘土操作が可能です。

安全・安心
食物で作っており、着色する場合も食紅ですから、口に入れてしまっても心配無用。

いろいろな色ができる
食紅や絵の具での着色が可能。

※ アレルギーの子どもがいる場合は、小麦粉の扱いには十分に気をつけましょう。

感触を楽しむ

片栗粉、寒天で感触遊びを楽しもう！

0・1・2歳児

粉・液体・塊の片栗粉や寒天の、手に伝わる感触に子どもたちは興味津々です。サラサラ、とろーり、モチモチ、プルン。大好きな手触りはどれかな？ いろいろ試してみたいですね。

活動のねらい

- **0歳児** 片栗粉・寒天との出会いを楽しむ。
- **1・2歳児** 片栗粉・寒天の感触や、変化を楽しむ。

準備するもの

〈片栗粉で遊ぼう！〉

片栗粉
水

[4種類の作り方]
- 粉のまま使用する
- 水を加えて水溶きにする
- 水溶きした片栗粉に熱を加えて煮溶かし、とろみを付ける
- 煮溶かしたものをわらびもちのような硬さにして、型やビニール袋に入れて冷蔵庫で冷やして塊にする

0～2歳児 片栗粉で遊ぼう

粉のまま、水溶きしたもの、塊にしたもの。それぞれに小麦粉とは異なる独特の感触があります。子どもが試したくなる環境を考えました。

導入

4種類の片栗粉を置いておく

片栗粉の粉は台の上に、水溶きしたものは容器の中に入れておきます。そこに子どもたちを連れてきて、活動スタート！

ポイント　環境構成の留意点

場はテラスなど広い空間が適当です。子どもの動線を考え、子どもが1か所に寄ってしまわないように、画板や机を使って素材を置く高さや位置に配慮します。滑らないよう、安全面にも配慮が必要です。

粉と水溶き片栗粉

ちょっと触っては活動停止。保育者は焦らず、少し待ってみましょう。（0歳児）

粉を片方に寄せると山のようになることを発見。手を入れた感触を楽しんでいます。（1・2歳児）

感触遊びを楽しもう！

〈寒天で遊ぼう！〉

寒天(棒寒天、糸寒天、粉寒天　など)

水

食紅

中に入れる素材
おはじき、チェーンリング、ボタン、花や葉っぱ、木の実、そのほか身近なもの
※ 誤飲のないよう見守りましょう。

【寒天の作り方】
① 棒寒天、糸寒天は前日から水につけて戻しておく
② 水を加え、火にかけて溶けるまで温める(着色はここで)
③ 粗熱を取り、型に入れる(素材もここで入れる)

容器類
サイズや形に変化を持たせて整えましょう
バット、ボウル、各種空き容器、カップ類　など

ビニールシート

ポイント　硬さはどれくらい？
0〜2歳児が指でつついたとき、指が入るかたさが基本。弾力がありすぎると子どもの手の力ではつぶれにくい。

ポイント　口唇期の子どもが多い場合には？
ニンジンやホウレンソウなどの食材をミキサーでつぶして混ぜたり、固ゆでしたものを素材として中に入れたりすると、もし口に入れてしまっても安心です。

ぎゅっ、ぎゅっ

足の裏の感触を体感しています。(1・2歳児)

煮溶かした片栗粉

なんだろう？

煮溶かしてとろみを付けた片栗粉を、保育者がたらーりと垂らしています。ふたりの視線に注目！(0歳児)

かたまってるよ

水溶きした片栗粉です。片手で簡単につかめる片栗粉が、両手で押しても硬いのにびっくり。(1・2歳児)

クキュッ

煮溶かした片栗粉をひと晩冷蔵庫に入れて置くと、塊になります。プルンとした感触がおもしろいですよ。(0歳児)

0・1歳児 寒天で遊ぼう！

寒天は透明感があり、手にまとわりつきにくいので、子どもの拒否感が少ない感触教材です。色や形などを工夫して環境構成してみました。

こんな環境で遊びました

煮溶かして固めた寒天を数か所に分けて置きました。

きれいな色の寒天の中には園庭の草や実、葉っぱが入っています。

ピンクのキラキラテープが光っています。

アルミカップ、タコ糸が入っています。片手でつかめる大きさがいいですね。

色や形、大きさを考えています。中には身近な玩具や自然物が入っています。

緑の濃淡や花びら入りなど、色や形、中身の違いに気づいてほしいですね。

つんつん

つめたい

大きい緑の濃淡の寒天にそーっと手を触れました。でもグチュッとつかんだのは小さな寒天でした。（1歳児）

保育のポイント

感触遊びをいやがる子どもへの対応

＊保育者の動きと子どものサインがキーワードです。保育者が感触遊びを楽しそうにしているところを見せましょう。子どもが遊びに心身を動かすサインを確認したら、その子の入り口、例えば好きな色（の寒天）、よく行く場所（にある片栗粉）などから遊びに誘うことが有効でしょう。

なにかあるよ

ひとさし指でつついているのは、中にあるチェーンリングです。（0歳児）

感触遊びを楽しもう！

ぐちゅぐちゅ

きもちいい

くだけた寒天を保育者からもらって、両手で感触を確かめています。（0歳児）

場所を
見つけて

ギューっと
するよ

別の場所を発見。カゴに押し付けてつぶれる感触がおもしろいようです。（1歳児）

寒天の
中には…？

でてこーい

キラキラテープを棒で探っていますね。ちょっといいこと考えたようです。（1歳児）

ないよ

丸くて大きい寒天に入っていたチェーンリングを左手に大事に持っています。小さな寒天を探索中です。（0歳児）

おく先生の
ミニ講義

感触遊びのいいところ

- だれにでもできる
- 心の安定をもたらす
- 遊びの意欲が芽生える

感触遊びは幅広い年齢において子どもの心の安心・安定をもたらす力になります。自分の手を通じて対象物が何であるかを確かめ感じ取っています。安心・満足が、遊びの意欲を引き出します。

片栗粉・寒天の特徴

片栗粉	寒天
サラサラ、とろり、モチモチした感触	ひんやり、プリプリした感触
粉、水溶きした状態、塊の三態	塊
塊は半透明、着色可	透明または半透明、着色可
食べても安心	食べても安心
感触遊びに適する	感触遊び、破砕活動に適する

103

感触を楽しむ

サラサラ、キュッキュッ！
粉で遊ぼう

ベタベタ、ニュルニュルが苦手な場合でも、サラサラした感触には抵抗がない子どもが多いようです。小麦粉・米粉・片栗粉などを使って粉で楽しく遊べる環境を考えてみましょう。

活動のねらい
- 粉の感触の違いを味わう。
- 好きな場所を見つけて粉で遊ぶことを楽しむ。

準備するもの

粉
小麦粉3〜4kg、
米粉・片栗粉1〜2kg
※ アレルギー児がいる場合は、対象の粉を使用しないでください。

ビニールシート

机
4台（脚を畳んで使用）

段ボール板
机より大きいもの

クラフトテープの芯
3〜4個

大きめのトレイ
4〜5個

お盆
1個

色画用紙

プチプチシート

プラスチックリング

1歳児　いろいろな粉で遊ぶ

今回は3種類の粉で遊んでみましょう。子どもたちは感触の違いに気づくでしょうか？

導入

「これ何かな？」

ビニール袋に入れた粉（3種類のどれでもよい）を「何かな？」と言って見せ、準備した場に同じものがあることを伝え、ゆっくりと行って遊ぶように促します。

粉の感触を確かめる

最初にちょっとだけ試しに触ってみています。

キュッキュッいってる

Aのしかけ　片栗粉の中に手を入れて、手のひらや指でなでるように触っています。

粉で遊ぼう

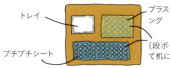
- 段ボールで作った枠
- お盆
- 色画用紙

- 階段折りした色画用紙
- トレイ
- 画用紙

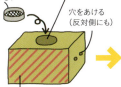
- クラフトテープの芯
- 段ボールで作った枠

A 色画用紙を段ボール板にはって机に固定する。段ボールで作った四角い枠、お盆を置く。

B 画用紙をはった色画用紙、階段折りした色画用紙を段ボール板にはって机に固定する。トレイを置く。

C クラフトテープの芯、段ボールで作った四角い枠、トレイを机に置く。

- トレイ
- プラスチックリング
- プチプチシート
- （段ボール板にはって机に固定する）

D プチプチシート、プラスチックリング、トレイを机に置く。

- ふるい（直径30cm程度）
- 養生テープ（ふるいを固定する）
- スズランテープ（イスを固定する）
- 段ボール箱　1個
- イス　2脚

- ふるい
- 穴をあける（ふるいより小さめ）
- 穴をあける（反対側にも）
- 養生テープで留める
- トレイ
- 段ボール箱の一面を切り取る
- スズランテープでイスを固定する

E 段ボール箱の上部にカッターナイフなどで穴をあけ、ふるいを固定する。

「まっしろになった！」

小麦粉が手のひらにくっついて真っ白に。いつもと違う色の自分の手を見て、不思議そうです。（**B** のしかけ）

手のひらを使って粉を広げます。サラサラした感触が気持ち良いようです。（**C** のしかけ）

「サラサラしてるよ」

米粉をクラフトテープの芯に入れたり、指でこすったりしています。（**C** のしかけ）

「おててではいてるの」

1歳児 いろいろな粉で遊ぶ

いろいろなしかけで遊ぶ

「ギュッ」

粉をつかんで、隣の水色のリングに振りかけて入れようとしています。（ D のしかけ）

「はずれないかなー」

段ボール板で作った四角い枠を動かそうとしています。中に粉がいっぱい入っているのに興味を持ったようですね。（ C のしかけ）

「ザラザラしてるよ」

プチプチシート＋粉。手でなでてみると、サラサラがザラザラになりました。（ D のしかけ）

「もっといれるよ」

ふるいの下に粉が落ちているのに気がついていません。ふるいの中にどんどん粉を入れ続けます。（ E のしかけ）

粉で遊ぼう

粉＋水で遊ぶ

別の日に片栗粉に水を加えて遊びました。とろーりとした感触にびっくり。

きいろいの

食紅を入れて黄色くなった塊に興味を持って、つかもうとしています。

かたいよ

3人とも手のひらで押さえています。ギュッと固まって沈まないのが不思議です。

保育のポイント

砂場遊びを観察しよう

* 環境構成は発達的な観点や日々の子どもの遊びをもとに考えます。
1歳児は砂場で、<u>砂を手でつかむ、つかんだ砂を投げる、両手で集める、山のようにする、穴を掘る、両手で固めようとする</u>などの姿が見られ、空き容器などがあれば容器に入れる、入れて運ぶ、移し替える、型抜きをするなどの遊びが展開します。
今回はねらいに沿って下線部の活動ができるように環境を構成しました。容器に入れて持ち運ぶことや型抜きが中心的な活動にならないように考え、容器の代わりに、クラフトテープの芯や段ボール板製の四角い枠など底のないもの、プラスチックリングを固定した場、などを作りました。

おく先生のミニ講義

「違い」がわかる？

小麦粉、米粉、片栗粉。1歳児に3種類の粉の感触の違いがわかるのでしょうか。クッキング保育などでもよく使う粉ですが、造形素材としてそれぞれの特性を確認したことがない保育者も多いのではないでしょうか。

まず触ってみること（感触）。ほかにも、握る、たたく、ふるいにかける、型抜きをする、水を加える、練る、煮るなど、粉の感触や変化、水や熱を加えることでどのように変質するか、ということを前もって素材研究しておくことが大切です。

「Aちゃんはこれ好きかもしれない」などとこれらの素材で遊ぶ子どもの顔を思い浮かべると楽しいものです。

この活動では、3種類の粉の感触の「違い」についての反応は伝わってこなかったようでしたが、粉を比較する場を設定したり、積極的に「違い」についてのことばがけをして気づきを促すとよいでしょう。

感触を楽しむ

0歳児 1歳児 2歳児

サクサク、モチモチ、パン粉粘土！

パン粉粘土は多様な変化を体感できる魅力的な素材です。感触、色彩、そして香り。活動のプロセスで起こる素材の変化を五感で感じ、驚きと喜びを子どもたちと共有しましょう。

活動のねらい
- パン粉の感触や色の変化を楽しむ。
- 丸めたりくっつけたり、見立てたりして遊ぶ。

準備するもの

パン粉
ひとクラスにつき約500g（各ボウルに7分目くらいパン粉を分けた後、食紅を入れて混ぜておく）

食紅
赤・緑・黄（各ボウルにティースプーンすりきれ1杯くらい入れる）

ボウル
直径20cmくらいのもの（ふたりに1個）

霧吹き
保育者ひとりに1個（水を入れておく）

2歳児 パン粉粘土で遊ぶ

パン粉に食紅を入れ、よく混ぜておきます。霧吹きで水分を加えると、粘土のような感触に変化します。

導入

パン粉を握ってみて「どんな音がする？」「何のにおいがする？」「これは何かなぁ」と問いかけ、子どもたちとパン粉との出会いをつくります。その後、机に誘導します。子どもたちが机の回りに座ったら、パン粉の入ったボウルを配ります。

乾いたパン粉の感触を楽しむ

チクチクする

握ってみたら、手に当たる感触が砂や小麦粉とは違ったようです。

サラサラしてる

両手ですくったりパン粉の中に手をうずめたりして感触を確かめます。熱中して机の上に乗ってしまったときは、ボウルに手が届くかどうかを確かめてから、そっと降りるように伝えましょう。

サクサク、モチモチ、パン粉粘土！

机
4人に1台（脚を折って置く）

ビニールシート

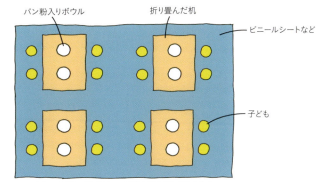

ひとつの机にボウル2つ、子どもは4人になるように

パン粉の入ったボウルは、導入後に子どもたちが机の周りに座ってから配りましょう。そうでないと座ってすぐに触り始めてしまいます。

ポイント
食材も造形活動の素材

食材自体が魅力的な感触教材なのです。誤って口に入れても安全性を確保できることを重視し、造形活動ではさまざまな食材を素材として使用します。

※ 食材にアレルギーのある子どもの安全対策は必ずしておきましょう。

水を加えると

「みどりになった」

パン粉が緑色になったことがとても不思議。興味津々です。

「せんせい、いろがかわったよ」

霧吹きで水をかけると少しずつ色が変わり、パン粉の感触も変わっていきます。

ポイント
パン粉粘土の変化について

パン粉は五感に働きかける魅力的な素材です。トゲトゲした形状とサクサクした手触り、水分を少し含んだときのポロポロ、フワフワした感触、パンの香り、適度に水を含んで粘土のようになったときのモチモチした感触と塊感。いくつもの変化を子どもと共に実感してください。

2歳児 パン粉粘土で遊ぶ

パン粉粘土を楽しむ

「ハンバーグこねているの」

おうちでもよくお手伝いをしているので、こねる手つきが慣れています。

「ねんどみたい」

手の中でこねていると、モチモチした感触になってきました。

「うえにのせるよ」

ふたりで遊ぶ姿です。ひとりが置いた上にもうひとつ積んでいます。

「たべてー。まるめたよ」

おいしいごちそうができました。

サクサク、モチモチ、パン粉粘土！

いっぱい
いれたよ

おおきい
おだんごできた

両手でギューッと固めたら大きいのができました。

活動の初めから最後まで感触で遊んでいました。お皿にいっぱい入れて満足そうです。

保育のポイント

子どもとのかかわり方

＊子どもたちは両手を何度もボウルに入れ、チクチクしていたものが手の中でつぶれていく感触を味わいます。次の展開を急がないで、乾いたパン粉の感触を十分に楽しむ時間を持ちましょう。
「水をシュッシュッって入れるよ」と言ってから、霧吹きでボウルの中に水をかけます。子どもの手にかかってもだいじょうぶ。水の量が少ないとポロポロし、多すぎるとベタベタになるので気をつけましょう。粘土状になったら子どもの活動が変わります。こねることに夢中な子ども、粘土操作や見立てを楽しむ子どもなど、広がる多様な活動を受容してください。

おく先生のミニ講義

いろいろな感触遊び

▶ 0歳児は、身近な環境にあるものに出会うこと、触れることが感触的な遊びでもあります。お気に入りのタオル、布団、プチプチシート（緩衝材）、ティッシュペーパーなど身の回りのものに興味を持って触れる環境をつくりましょう。

▶ 1歳児たちが新しい環境に慣れてきたころのさわやかな季節に、テラスなど屋外で、寒天をつついたり壊したりして、ダイナミックに遊んでみましょう。ベタベタした感触が苦手な子どもも、触るきっかけがつかめそうです。夏に向かって、砂遊び、小麦粉粘土、片栗粉粘土、フィンガーペインティングなど多様な感触遊びを経験してみたいですね。

感触を楽しむ

0歳児 1歳児 2歳児

せっけん粘土と出会う

100％に近い純粋粉せっけんはサラサラのパウダーです。水を加えてサクッと練ると、モチモチのせっけん粘土に変わります。手にも優しいので、遊びの後は固めて「せっけん」として使いましょう。

活動のねらい
- 新しい素材との出会いを楽しむ。
- 伸ばしたり、丸めたりしてせっけん粘土の感触を味わう。

準備するもの

粉せっけん
せっけん分97％以上の純粋なもの1袋(1.2kg)程度

食紅
赤・青・黄

水

ボウル
直径20～26cmくらいのもの

バケツ
水を入れる

洗濯せっけん用スプーン

※ ボウル、バケツ、洗濯せっけん用スプーンは4人に1個用意する。

2歳児 粉せっけんと出会う

ものとの出会いから造形活動は始まります。今日出会うのは粉せっけんです。

導入

ボウルに入れた真っ白な粉せっけん。保育者が「これなーんだ」と問いかけると、子どもたちからは「ヨーグルト」「おくすり」の声が。水を注ぐと青い色が出てきて、子どもたちは興味津々。青の食紅が混ぜてあったのです。

① 水を加える

お水を入れるから見ててね

粉せっけんにあらかじめ混ぜておいた食紅の色が出てきてびっくり。水の量を間違えないようにしましょう。

② みんなで混ぜる

てがあおくなったよ

みんなで混ぜ始めます。感触や色の変化を楽しんでいます。夢中になって机に乗ってしまったときは、降りるようにそっと促しましょう。

せっけん粘土と出会う

机
4人に1台

牛乳パックで作った皿

ビニールシート

【せっけん粘土の作り方】
① ボウルに粉せっけんを入れる
② 食紅を入れ、よく混ぜる(着色する場合)
③ 水を加える
（洗濯せっけん用スプーンで。粉せっけん：水＝4：1）
④ 全体をほどよく混ぜる
（小麦粉粘土のように練りすぎないように）

※ 食紅を入れすぎると、せっけんとして使うときに、色の液体が出てきます。着色は薄いめの色にしましょう。

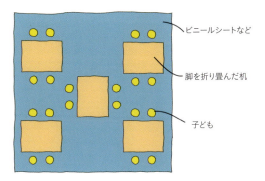

ビニールシートを敷き、脚を畳んだ机を準備します。ひとつの机に子どもは4人になるようにします。導入後、子どもたちが机の前に座ったら、粉せっけんを入れたボウル・水・スプーンを保育者が持っていきます。

③塊になる

ねんどみたい

長く練らなくても粘土状になります。
練りすぎると粘りが出て扱いにくくなるので注意。

2歳児 せっけん粘土で遊ぶ

粉せっけんが粘土状になる過程でサクサクした感触を味わえ、粘土状になると多様な粘土操作が楽しめます。

感触を楽しむ

ニュルニュル、ベタベタの感触をいやがる子どももいます。水が多すぎるので、粉せっけんを足しましょう。

ニュルニュルしてる

2歳児 せっけん粘土で遊ぶ

粘土操作を楽しむ

つまむ

「ふわふわしてる」

机の上に伸ばしたせっけん粘土。たたいたりつまんだりして試しています。

丸める、積む

「つめるかなぁ」

丸めたせっけん粘土の上に、もうひとつ乗せようとしています。うまくいくでしょうか?

見立てて遊ぶ

「エビ、ワニ!」

ちぎったり、伸ばしたりしたものを見立てています。色や形からイメージしたようですね。

「ぜんぶあつめたよ」

せっかく作ったエビですが、全部もとの塊に戻してしまいました。

保育のポイント

素材を楽しむための援助

* まずサラサラのパウダーの感触を楽しみます。細かい粒子がサラサラと心地良く、どの子どもも大好きです。

* 水が入るとサクサク、ふわふわの感触に。適量の水ではサクサクした塊になりますが、多すぎるとニュルニュルして手にまとわり付き、感触をいやがる要因にもなります。このような場合には粉せっけんを少しずつ足しましょう。

* もう少しだけ練るとモチモチのせっけん粘土に変わります。小麦粉粘土のように練り続けるとネバネバしたり、硬くなりすぎたりするので注意。実践する前に必ず保育者が試しておくことが大切です。

2歳児 できた！

粘土活動では子どもの遊びのプロセスを大切にします。細かいものも現状のまま保護者に見てもらうなどしますが、せっけん粘土は使用できるので、最後に固めたりまとめたりするように促しました。

「お名前、付けようね」

丸めたものや固めたものを、牛乳パックで作った小さな容器に入れます。名前も忘れずに付けておきましょう。

このまま乾燥させて、2〜3日たつと固形せっけんのように固まります。

活動の後には

プレゼントとして

保護者にオリジナルせっけんをプレゼント。子どもたちが作ったすてきなせっけんに、保育者が作成したせっけんも添えて。

せっけん粘土と出会う

おく先生のミニ講義 — 粘土の感触と操作を楽しむ

▶ 粘土の特徴は、可塑性と粘性です。粘土は感触教材であり、また多様な粘土操作を楽しむ教材でもあります。そして乳幼児の造形素材としても、もっとも重要なもののひとつです。

▶ 感触がよい粘土とのかかわりは、心の安定にもつながるといわれています。0〜2歳児の粘土とのかかわりは、やはり感触のよさが注目されます。0・1歳児期はサラサラは好きですが、モチモチやベタベタはいやがる場合がありますので、無理をしないように活動しましょう。

▶ 子どもたちは多様な粘土操作をします。粘土をちぎったり丸めたりすることを粘土操作といいます。つつく、ちぎる、平らにする、伸ばす、丸める、並べる、積むなどが0〜2歳児期の粘土操作や行為の発達的な傾向です。これらが形造ることへつながります。

感触を楽しむ

0歳児 1歳児 2歳児

いろいろな感触、楽しいな

子どもたちは手を通しての感触だけではなく、足や全身から多様な感触を経験します。0〜2歳児はものや場に探索的にかかわる時期でもありますので、いつもの保育室をちょっとだけ変えてみることで、新たな環境構成ができます。

活動のねらい

[0歳児] ものや場との出会いを楽しむ。

[1・2歳児] ものや場と出会い、さまざまな感触を味わう。

準備するもの

〈0歳児 なんだろう？〉

梱包用緩衝材（プチプチシート）
人工芝
片段ボール
両面テープ
布
ビニールなどのシート
段ボール板

子どもがテープをはがして遊べるように用意しておきました。

0・1歳児 保育室が変わったよ

いつもの保育室を下図のようにしてみました。子どもたちはどのように遊ぶでしょうか？

導入

0歳児 なんだろう？

チクチクするよ

人工芝は厚みがあるので、ハイハイして進んでもその前で一旦停止。そーっと触れてみます。感触は優しくないけれど、触ってみたい素材です。

環境構成した場所へ子どもたちを誘います。

ポイント

環境構成をするときに

- 0歳児…いつもの場にいつもの素材をちょっと工夫して構成することが基本です。
- 1歳児…いつもの場をちょっと変えてもだいじょうぶ。子どもの日常の姿を生かした構成が大切です。

いろいろな感触、楽しいな

〈1歳児 触ってみよう〉
銀色のボール紙
段ボール板
ポリ袋（60リットルくらい）
布（フリース）
卵パック、リンゴ用緩衝材
色画用紙
階段折りにして床にはる
新聞紙、模造紙
クラフトテープ

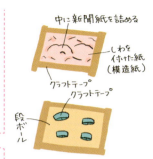

〈2歳児 絵の具でも感触を楽しもう〉
四ツ切画用紙
木工用接着剤を帯状や円形に塗り、砂場の砂を砂絵のように振りかけてザラザラな部分を作っておく
絵の具
高濃度に溶いたもの
絵の具容器
筆 など

1歳児 触ってみよう

たのしいなあ

床にさまざまな色や感触の素材をきれいにはってみました。ハイハイで移動して、違いに気づくかな？

よいしょ、よいしょ

いつもの滑り台が今日は少し違っています。プチプチシートの坂道は、登る感触がちょっと変です。

グシャグシャ

リンゴ用緩衝材を思い切り踏んでいます。一気にへこむ感じがおもしろく、繰り返してみたくなる場です。

足で感じています。

黄色いフリースを入れたポリ袋。プクプク、フワフワ、ちょっと不安定なので、体のバランスを取っています。

0・1歳児 保育室が変わったよ

1歳児 触ってみよう

「さわってみようかな」

しわを付けた紙のデコボコした場所を発見。デコボコの中には丸めた新聞紙が入っています。

「なにかなー」

空気を入れたポリ袋が床にはってあります。ふんわり膨らんだ上にそーっと手を置くと、沈んだ！

手で感じています。

卵パックはカシャカシャ、ペコッと音がするのが魅力的な素材です。

0歳児 不思議だね

「〇〇ちゃん、いたー！」

銀色の紙にドーンと座って。
下の紙に映っているのを不思議そうに見ています。

8〜10か月になると鏡を見て自分が映っていることがわかります。銀色のボール紙に映る自分を不思議そうに見ています。自分が映っていることがわかったのはどの子でしょうか？

いろいろな感触、楽しいな

2歳児なら 絵の具でも感触を楽しもう！

四ツ切画用紙に水で溶いた木工用接着剤を塗り、その上に砂を付けています。その画用紙を使って絵の具を楽しんでみました。

ほかにもこんな活動が！

砂の部分を避けて絵の具で描いています。高濃度に溶いてあるので、ぬるぬるした絵の具の感触を楽しんでいます。

画用紙の上に砂が…。砂の上だけに絵の具を塗って、ザラザラした感触が伝わりました。

保育のポイント

心地良くない感触もプラスしてみよう

心地良い感触

* 赤ちゃんがいつも握り締めているタオルの感触…気持ち良くて離せない
* さらさら、ふわふわした感触…小麦粉や小麦粉粘土、さらさらしたさら砂。その上に、可塑性があって、応答的なもの

心地良くない感触

* ベターッとしてまとわりつくもの
* トゲトゲ、ザラザラしたもの

上記を参考にして、環境構成を考えてみましょう。個人差に配慮することも忘れずに。

おく先生のミニ講義

乳児の感触の感じ方って？

多様な素材と五感を通じて出会う経験は大切（感触＋四感）

まだ、この時期の子どもは視覚だけで「気持ち良さそう」「軟らかそう」「痛そう」などを判断できません（特に0〜1歳児）。なめる（口唇期）、触る経験を経て、「あれは心地良さそう」「気持ち悪そう」「痛いかな」などの感触を視覚で判断するようになります。

しかし、この時期の子どもが感じる心地良い感触や、いやな手触りが、視覚的刺激とまったく関係ないかというとそのようなことはないのです。好きな色やにおいなどが触ろうとする動機になる場合や、触ったときの音が素材の硬さや軟らかさと関連していたり、視覚や嗅覚、聴覚、味覚などの四感が心地良い感触と関連を持っていたりするのではないでしょうか。

水・泡 砂・泥

0歳児 1歳児 2歳児

色水を使って・容器を工夫して
水の遊びがいっぱい！

混ざると色が変わる不思議発見！ 色水遊びは、色の変化と水遊びのおもしろさを同時に楽しめます。遊びの興味が広がるように、保育者が準備にひと工夫してみましょう。

活動のねらい
- 0歳児：水の感触を楽しむ。
- 1・2歳児：色水の美しさや、混色した色の変化に気づく。

準備するもの

色水
食紅
…透明な色水になる（誤飲の恐れがある時期には食紅を使用しましょう）
絵の具
…半透明、または不透明な色水になる
製氷皿
絵の具を溶いた色水を凍らせる（導入時に使用）
ペットボトル（2ℓ、500mℓ）
空き容器
プリンカップ、フィルムケース、プラスチック容器など透明のもの

色を楽しむ

ピンクいろになってきた

保育者の手から色が広がってくるのは不思議ですね。大きいバットだからこそできる経験です。

1・2歳児　色水で遊ぶ

子どもたちが水の色の美しさや混色した色の変化に気づくよう、透明な容器や大きいバットを準備しました。

導入

黄緑の絵の具を溶いた色水を凍らせたものを入れて、水に色を付けました。色は不思議な感じで広がっていきます。

なぜきいろいの？

こっちもふってみよう

ペットボトルを両手で持って振っていると、水に色が付いてきました。実はキャップの裏に絵の具が付けてあり、振ると色水に変わるのでした。

水の遊びがいっぱい！

- タライ
- 大きいバット
- とい（1〜2mのもの2〜3本）
- 曲がるストロー
- ビニール袋
- スズランテープ
- ビニールテープ
- 洗濯バサミ
- ひも
- ぬれてもよい服

［オリジナル装置の作り方］

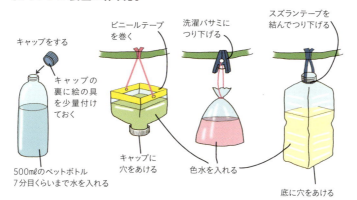

- キャップをする
- キャップの裏に絵の具を少量付けておく
- 500mlのペットボトル 7分目くらいまで水を入れる
- ビニールテープを巻く
- キャップに穴をあける
- 洗濯バサミにつり下げる
- 色水を入れる
- 底に穴をあける
- スズランテープを結んでつり下げる
- 水や色水を入れる
- 穴をあけてストローをさし、ビニールテープで固定する

もうちょっとでいっぱいになるよ

ペットボトルの水の色が少し変わってきました。もう少し濃い色水だと変化がわかりやすいですね。

せんせい、きれいでしょう

小さい容器3個にそれぞれ違う色の色水を入れて、そーっと歩いてきました。なぜか小さい容器が人気です。

ぷよぷよしてる

思わず触ってみたくなりますね。色水が入っているビニール袋のほうが断然人気でした。

ならべたよ

フィルムケース1個ずつに違う色の水を入れて並べています。赤い色水がアクセントになってきれいですね。

| 1・2歳児 色水で遊ぶ |

多様な装置を試す

「かわみたい」

といを使って水を流しています。たまった水をくんだり、流れ落ちる水を受けたりしています。

「おみずください」

ペットボトルとストローを組み合わせて作った自動水供給機。大人気です。

「ピンクのみずだー」

ペットボトルの底に穴をいくつかあけました。手やカップでうれしそうに受けていますね。

「みず、いれるよー」

上から色水を入れて下で受ける。見通しを持ったふたりの協働が見られます。

水の遊びがいっぱい！

0・1歳児 水で遊ぶ

低月齢児には、流れる水に手をかざすなど、水と楽しくかかわることができる環境をつくりましょう。

水の表面をたたくように触れています。あまり体を乗り出さないでね。（0歳児）

ピチャピチャ

いっぱいいれるの

ペットボトルの下のほうから出ている水をじっと見つめています。両手に物を持って遊ぶのは、この時期によく見られますね。（1歳児）

いいきもち！

保育者に手作りペットボトルのシャワーで水をかけてもらっています。両手をかざして気持ち良さそうです。（0歳児）

保育のポイント

安全に遊ぶための環境構成

色水遊びはテラスや園庭など開放的な空間でのびやかにできる楽しい遊びですが、いくつかの危険もあるので注意しましょう。

* ジュースなどと間違えて誤飲しないように注意する。
* ビニールシートなどの上で、ぬれた足元が滑らないようにする。
* 浅くてもおぼれる危険があるので大型容器の周りに留意する。

おく先生のミニ講義 — 色水遊び、"色"の効果

0〜2歳児の色水遊びは、水を入れる、出す、流す、移し替えるなど、子どもの年齢や発達とのかかわりが大きく、水遊びと同じような行為や操作が見られます。違いは造形要素のひとつである"色"があることです。遊びを通じて、

▶ いろいろな色があること
▶ 透明・半透明の色水があること
▶ 混ざると色が変化すること
▶ いろいろな色が作れること

を見つけます。これらの気づきは、子どもたちが

▶ 新しい色を作ろうとする
▶ 見立てる
▶ ごっこ遊びを始める

など遊びを展開する契機にもなるのです。保育者は子ども以上に色水の"色"の効果に気づいておきたいものです。

水・泡
砂・泥

0歳児 1歳児 2歳児

アワ・アワ不思議だね

ふわふわもこもこ、良い気持ち。あれっ？ 消えた！ 泡は形や状態の変化の不思議を子どもと共感できる素材です。泡の感触をそーっと、そしてダイナミックに体感しましょう。

活動のねらい
- 1・2歳児｜泡の感触を楽しむ。
- 2歳児｜泡の変化の不思議に気づいたり、感触を楽しんだりする。

準備するもの

ボディーソープ
入浴時に子どもが日常使用している市販のもの。水を加えて泡にする

ポリ袋
20×30cmくらいのもの。子どもが自分で泡を作るときに使う

2歳児 泡を作って

ポリ袋に水とボディーソープを入れたもので泡を作ります。夏ならではの遊びを思いっ切り楽しみましょう。

導入

保育者がゆっくりと袋を振って見せて導入します。水や泡の感触や変化に気づくように、それとなく援助しましょう。気づいたことに保育者が共感することも大切ですね。

「フリフリするよ」

フリフリ 泡ができたよ

袋いっぱいになった泡にびっくり。あふれる泡に少し困惑しながら泡への興味が広がります。

「触ったらどんな感じかな？」

「アワ、いっぱいできたよ」

アワ・アワ不思議だね

泡立て器
保育者が泡を大量に準備する場合は、ボウルや洗面器に直接ボディーソープと水を入れ、泡立て器を使って作る

タライやトレイ
子どもが作った泡を入れる場や、最初の環境構成のために、タライや大きめのトレイなどを準備する

プリンカップなどの空き容器
泡を運ぶときや移し替えに便利です

スポンジ
必要なら、泡を作り終えたころに出してみるのもおもしろいでしょう

ポイント　泡立ちについて

手のひらに載せてもすぐに消えない、きめ細かい泡が理想的です。子どもが作るときはよく振るように伝えましょう。保育者が準備するときは、硬めと柔らかめの泡を作るといいですね。

※ 準備段階で泡の作り方を保育者が必ず試しておきましょう。

ポイント　夏の日ざしや活動時の服装に留意

熱中症対策として、日陰がある場所を選ぶ、帽子の着用、水分の補給などに留意すること。泡が手から全身へと広がるので、ぬれてもよいかっこうで遊びましょう。

フリフリ　アワアワ

袋の中を一心に見つめて、慎重に振っています。

スポンジを見つけて、ごしごし、ギュッギュッ。

小さなプールに入って全身で遊ぶダイナミックな遊びも。

保育のポイント

安全面に配慮する 滑らない工夫を！

* スリップ防止や人工芝など、活動の場の選択が重要ですが、子どもの動きに注意を呼びかけます。「走らないで、そーっと歩こうね」

1歳児 泡を見つけて

1歳児では、保育者が泡を作って、環境構成しました。子どもたちは泡を見つけてどのように遊ぶでしょうか。

導入

さまざまな大きさや形のタライやトレイに、泡を盛り上げたり平らにしたりして入れ、屋上に配置しました。ワクワクするように期待を持たせて、子どもたちをこの場へ誘導します。

なんだろう？ツンツン

みーつけた！

保育者に導かれてやってきました。

興味を持って集まった子どもたちに、両手ですくい上げて「これなーに？」

ツンツン

そーっと…

一番高く盛り上がった泡の山を慎重についています。初めはそーっと。

ふわふわー

少し盛り上がった泡の中、感触を試すようにそっと両手を入れていました。

アワ・アワ不思議だね

片手にすくい上げた泡を見つめて。消えてなくなる泡が不思議。

楽しいよ！

感触のよさがわかると、安心して両手で大胆に泡の感触を楽しみます。

きもちいい！

せんせい、みてー

活動の後半にプリンカップなどをプラス。すくったり、移し替えたりする姿が見えます。

徐々に大胆に。でも、体に泡を塗り始めるときはやはり、少しずつ試すようにしていました。

ほかにもこんな活動が！

2歳児なら　もっと不思議な色の泡と出会う

色の泡を別に準備しておき、活動後半に出してみます。泡の感触の違いや、触っているうちに色が消える不思議にも気づきます。

このオレンジ色の泡は、固形せっけんをおろし金で細かくしたものに、ぬるま湯と絵の具を入れ、泡立て器でよく混ぜて作ります。少し硬めのもちもちの泡誕生。

127

水・泡
砂・泥

壊したり、作ったり
砂の遊び楽しいな

0歳児 1歳児 2歳児

砂に触れる、穴を掘る、お団子を作る。砂はさまざまに姿を変えるおもしろい素材です。砂場での自由な遊びは大切ですが、時には保育者が少し違った環境をつくることで子どもの興味が広がります。ここでは1歳児での実践例を紹介しています。

準備するもの

砂場
整備しておく

小さいサイズのスコップ

大きめのスプーン

容器やカップ
大きさ、形が違うもの2〜3種類

小さいバケツ（砂場用バケツ）　など

活動のねらい　● 壊したり作ったりして、砂とかかわることを楽しむ。

1歳児　いつもと違う砂場と出会う①

砂場の環境を保育者が再構成した、興味ある砂との出会いです。型抜きした砂を壊すことから遊びが始まります。

↓

導入

砂場に型を付けたり型抜きしたものを置いたりしてみました。ここに子どもたちを連れてきます。壊す活動といいますが、むやみに破壊することではありません。「なにかなー、おもしろそう」という気持ちでゆっくりスタートしましょう。

出会う

あーっ、つぶれた！

違った環境にはそーっとかかわる子どもたちです。保育者と手をつないでゆっくり踏みました。

↓

これも、これも、

砂の上の型抜きをどんどん踏みつぶしています。おもしろくなってきたのですね。

128

砂の遊び楽しいな

ポイント　準備について

型抜きのサイズは、子どもの片手より大きく、足よりは小さいものがよいでしょう。砂場と砂場の周囲に等間隔に型抜きを配置します。

保育のポイント

保育者のかかわり方

夢中で遊ぶ子どもには

＊砂にかかわる子どもの行為をよく観察しておきましょう。集中しているときはそっと見守り、活動が停滞したら、共に遊んでみましょう。

砂が苦手な子どもには

＊無理に素手で触らなくても、靴のまま踏んだり、スコップなどの道具を使ったりして遊ぶことを促してみましょう。

遊ぶ

いっぱいいれたよ

真剣ですね。スプーンでたたくとしっかり砂が詰まることを知っているようです。

よいしょ、よいしょ

ソフトな容器を砂の上に押し付けています。型抜きはできそうにないのですが…。

トントン、ギュッ、ギュッ

型抜きの砂山に容器をかぶせて、型抜きをしているつもりでしょうか。

1歳児　いつもと違う砂場と出会う②

大きな小山を作っておきました。子どもたちはどんな反応を示すでしょうか？

おおきいやまー

大きな山を保育者といっしょに囲んでいます。お山にはすでに小さな手形が見えますね。

ちょっとつめたいよ

手のひらを押しつけて、砂の感触を味わっています。

おおきいあな、できた

お山の下に穴が出現。スコップ、カップ、手などで掘っていました。

おく先生のミニ講義

砂遊びにおける子どもの姿

- 0歳児…気持ちの良い日に砂の上に座り、砂を手のひらでたたく、握ってパッと手を広げて投げる、スコップを握って砂をトントンたたくなど、誕生日前後の姿です。

- 1歳児…砂をつかむ、足で踏む、保育者が作った型抜きした砂を壊す、自分で型抜きをしようとする。スコップなどで穴を掘ったり道具をうまく使ったりして遊びます。

- 2歳児…型抜きをしたものを並べたり見立てたり、砂場を広く使って穴を掘ったり砂を固めたり。ごっこや道作りなど、砂の遊びが多様かつダイナミックになっていきます。

砂遊びも造形活動？

砂は自然物であり、大切な造形素材です

砂は壊したり作ったりできる、粘土や紙と同様に可塑性のある素材です。サンドアートという表現がありますが、砂遊びは造形活動でもあるのです。

砂遊びの意味と楽しいところ

- いつでもある"もの"と"場"
  砂場は恒常的な遊び場で、いつでも遊べるものがある場です。

- プラスの造形・マイナスの造形
  作ること（プラス）・壊すこと（マイナス）が自在です。

- ひとりでも、友達とでも
  素材（砂）が豊富にあり、多様な遊び方が可能です。

砂の遊び楽しいな

> **1歳児** いつもの砂場で生まれた遊び

砂場では、握る、トントンたたく、容器に入れる、型抜きをするなど、手で砂にかかわる遊びや容器やスコップなどの道具を使う遊びがしぜんに展開しています。

砂の感触を味わう

「グチャ！なくなったー」

砂の塊を手でギュウッと握って壊します。保育者に、「もういっかい」と型抜きを要求します。そして、またギュウーッ。

足の上にこぼれた砂を指で触って感触を確かめています。

道具を使って

「トントントン」

スプーンで型抜きした砂を壊しています。壊す姿も慎重ですね。

スコップで茶碗に砂を入れる行為を繰り返したり、見立てが生まれたりします。

「ごはんでーす」

型抜きに挑戦

「プリンつくるの」

容器に砂を詰めて、力いっぱい固めています。

「ジャーッ、サラサラ」

容器に入れた砂を、移し替えをするように空けています。

木・泡
砂・泥

0歳児 1歳児 2歳児

ペタペタ、ぬりぬり、良い気持ち
泥で遊ぼう

子どもたちは泥んこ遊びが大好き！　でも環境が整わない。そんなときは園庭や園舎の屋上にスペースを作って、自然物で遊ぶ経験をしてみませんか。きめ細かな泥はいい感触です。

活動のねらい ● 好きな場所で泥の感触を楽しむ。

準備するもの

〈素材〉

泥
田んぼの土など、粘土質の土を乾かして粉にしたものに水を加えて混ぜる

バケツ
ひとり1個。粘土の粉などをカップ1杯程度入れておく

ペットボトル、カップ
水を量って入れる

〈環境〉

大きな石
1個

2歳児　泥をぬたくる

石や木、アクリル板やすだれ…。どこに泥を塗ろうかな？　泥の感触と塗り付ける場の材質の質感、ふたつの感触を楽しみましょう。

導入

泥の粉を入れた小さなバケツに、カップ1杯の水を入れ「手でモミモミして混ぜてね」と伝えます。その後、ひとりひとりにバケツを渡して「混ざったら好きな場所で塗って遊ぼう」と誘います。

大きな石に

おおきいなぁ！

見たこともないような大きな石を見つけ、さっそく塗り始めます。つるつる・ざらざらと不思議な感触です。

つるつるしてるよ

大きな石が茶色に変わりました。泥で覆われると石の表面の感触が変わります。

泥で遊ぼう

切り株
1本。上面が子どもに見えるくらいの高さのもの

ゴザ
石や切り株を置く

アクリル板
穴をあけたもの。大型段ボール箱の側面に窓のように固定する

大型段ボール箱
1個

段ボール板
2枚。子どもの身長くらいの高さのもの

園児用イス
4脚。段ボール板を固定する

すだれ
1枚。段ボール板に掛ける

スズランテープ、クラフトテープ

〈そのほか環境に使ってみたいもの〉

発泡スチロール

長い紙管

大きめの植木鉢　など
園の倉庫に眠っているものを探してみましょう。

※ 今回は滑らないように靴を履いての活動です。条件がよければはだしで。そして夏場は日陰の確保も忘れずに！

切り株に

バケツの泥を切り株に付けて、ふと手を見るとびっくり。「これなあに？」と素材を確かめる瞬間です。

「わぁー、てについたー！」

「いっぱいぬってるの」

「ぜんぶかけよう！」

遊びがダイナミックになり、バケツごと掛けています。エスカレートするようでしたら、手で塗るように言葉をかけましょう。

「てにかけてあげる」

切り株の上面には泥がいっぱいです。側面の感触はあまり人気がないようですね。

133

2歳児 泥をぬたくる

好きな場を見つけて

子どもたちは環境を探索した後、興味ある場を見つけて泥を塗り始めます。

泥を塗ったらどんな感じがする？

シューッ

泥を塗るというより線を描いているようです。段ボールは水分を吸収するので、ぬるぬるした感触にはなりにくいですね。

ここ、おもしろいね

段ボール板を立てるために使用したイスが、楽しい遊びの場になりました。ちょうどよい空間だったのですね。

くるくるぬってる

アクリル板を見つけました。環境の中でいちばん滑らかな感触が味わえます。

ざらざらしてるよ

すだれを見つけて塗っています。間に埋まっていく泥の感触がおもしろい場です。

泥で遊ぼう

2歳児 泥に埋め込む

ぬたくった泥は再利用可能です。容器に入れてひと晩置き、秋の自然物などを並べたりさしたりしてみましょう。

枝や葉っぱも有効な素材です。枝をさすと立つのがうれしくて、遊びが続きます。

透明の空き容器に入れた泥は粘土状に固まっています。ドングリと小さなタイルを並べています。

保育のポイント

空間構成する素材を探すコツ

＊「泥で遊ぼう」と思ったけれど、この活動のように大きな石はないし、切り株もない。アクリル板も見当たらない。そんなときは、代わりになるものを考えましょう。大きな石や切り株は塊感のある立体、アクリル板は滑らかで透明感がある平面です。例えば、重量感はありませんが発泡スチロール、大きめの植木鉢や陶器製のガーデンセットのイスなどは大きな塊の環境になりそうです。透明ビニールのテーブルクロスはアクリル板の代わりに活躍します。それぞれの形や手触りが子どもの興味を誘います。園の倉庫に眠っている大型ゴミになりかねない「宝物」を探してみませんか？

おく先生のミニ講義

「泥んこの孫」フィンガーペインティングで遊ぶ

▶感触で遊ぶといっても、活動の方法によって子どもたちにもたらすものが異なります。ものに触れて「これなあに？」と素材の違いを感じる遊びがある一方で、ものの感触を楽しみながら気持ちが解放されたり安定したりする遊びがあり、今回の遊びはこの両者を兼ねています。空間構成を単純にして泥の感触だけで遊ぶと、感触の心地良さを楽しむ遊びとなり、後者が目的となります。

▶泥が手に入らない場合は、「泥んこの孫」といわれるフィンガーペインティングで感触を楽しむのはいかがでしょうか。市販のものがありますが、大きめの鍋で水と小麦粉をとろとろに煮て、冷ましてから食紅などで着色すると、感触のよい「泥んこの孫」ができ上がります。一度試してみてください。

ものや場と出会う

ひっぱった！でてきたよ！

座って布をつかんで引っ張ったり、つかまり立ちのまま引き出しの中のタオルを引っ張ろうとしたり。0歳児の日ごろの姿を生かして、遊びの環境を工夫してみましょう。

活動のねらい
● 引っ張る行為を楽しむ。

準備するもの

チュールレースのような透けている布
（20cm～1m程度の長さに切っておく）
タオル
バスタオル

● **お座りして**

ミルク缶
上面のふたに1～2個穴をあける
筒状の透明な空き容器
ふたに穴をあける

0歳児　引っ張って遊ぶ

ハイハイ、お座り、立って、と子どもの発達に沿って床から天井までの空間を有効に使い、環境をつくりました。

導入

保育室内の別スペースで「おもしろいことしようか」と誘い、自分で移動できる子どもは自分で移動して遊びが始まります。自分で引っ張り始める子どもは見守り、遊び方がわからなかったりとまどったりしている子どもには保育者が引っ張って見せたり、環境へ誘ったりしていっしょに遊び始めましょう。

お座りして

うん？なんだろう

握って引っ張る、つまんで引っ張る、というより両手で布が出ている穴の付近を探っているようです。

でたー

引っ張ったら容器ごと持ち上がってしまいました。保育者に受容されて、やったーという気持ちがあふれています。

ティッシュペーパーの空き箱
上面の穴を大きめに広げる

● **ハイハイして**

ペットボトル
段ボールに養生テープではり付け、床に固定する

筒状の透明な空き容器
ふたに穴をあける

※ ペットボトルや透明の空き容器は切り口を保護したうえで、それぞれに布を入れます。

● **目で追ったり、触れたり**

ゴムひも
天井から素材をつるす

紙管
30cm程度のもの

● **立って**

タンス
引き出しを利用する

※ これらを子どもの発達などに合わせて保育室に置いたり、固定したりします。

ひっぱった！　でてきたよ！

なにかあるかな？

ティッシュボックス発見。この子はまず穴の中へ手を入れて探ろうとしています。

ハイハイして

なにかな？

ハイハイしていたら、「もの」に出会いました。まず触ってみます。

あったー

ミルク缶の上面にあけた穴から青い布が出ています。見つけてうれしい！　そしてつかもうとしています。

あれー

低い位置に固定したしかけです。端をつかんで手元に戻したら布が出てきました。ハイハイの子どもに対応した環境も有効でした。

137

0歳児　引っ張って遊ぶ

目で追ったり、触れたり

なあに？

寝た姿勢で上を見ると、青い物が見えました。思わず「なにかな」と手を伸ばします。

つかんだー

いつもは引っ張って手を放すと元へ戻るゴムじかけの玩具がある場所です。揺れないように保育者が手を添えています。

いいきもち

布の感触をどうぞ。

立って

ごそごそ

引っ張り出そうとしているというより、穴やすき間に手を入れて探っていますね。何があるのかな？

でてきたー

引き出しの中のタオルをつかんで、引っ張り出しました。保育者にアピールしています。

ひっぱった！　でてきたよ！

ほかにも こんな活動が！

棚と机、棚と柱の間に突っ張り棒を利用した遊びの装置を作ってみました。立って、座って、ハイハイしてなど、多様な姿勢に対応する遊び場になります。

保育のポイント

引っ張り出した後は

* 0〜2歳児の時期は入れる、出す、引っ張る、穴に入れる、転がす、通す、など多様な行為の遊びが見られます。1歳児以上になると行為の遊びは同じ形状のもの（素材）が大量に必要です。例えば洗濯バサミやS字フックなどですが、これはひとりひとりが同じ行為を飽きるまで繰り返すことが予想されるからです。0歳児のこの活動では、子どもたちが布を引っ張り出した後はどのように対処すればよいのでしょうか。これまでの子どもの遊び方をよく見ておいて、ひとつは引っ張り出した布で遊ぶこと、もうひとつはそーっと元のペットボトルや空き容器に難易度を変えて戻しておくことです。0歳児は個人差はありますが、まだ動きもさほど速くなく、大量のもの（素材）を準備する必要はない時期です。

おく先生のミニ講義

0〜2歳児が意欲的にかかわる「高さ」

子どもたちが興味を持って楽しく造形活動を展開するために、室内の空間を利用したり、段ボール箱やパーティションなどを設置したりして活動を行なう場合、何を基準にして物の高さを決めていますか？　目安になるのは子どもたちの体の大きさや活動する姿勢でしょう。基本的には「子どもの目線と活動する姿勢に沿って構成する」ことです。経験則ですが、0〜2歳児期は、段ボール箱などの立体には上面から塗ったりはったりすることが多く、2歳児は壁面などの立面には成長するにつれて手を伸ばして届く高さにもかかわろうとします。心地良い高さと挑戦できる高さを準備できるといいですね。

ものや場と出会う

0歳児 1歳児 2歳児

ふわふわ・しゅるっ
布で遊ぼう

新しい環境で生活する子どもたちにとって、空き容器など生活の中にあるものは安心して遊べる素材です。生活用品を利用して、布の遊びを楽しむためのしかけを作ってみましょう。

活動のねらい
- 布の感触を楽しむ。
- 布を引っ張る行為を楽しむ。

準備するもの

布
- ●チュールレース（白、黄色、ピンク、緑、青）
  …1枚50cm程度で4〜5枚ずつ
- ●ハンカチ
  …ガーゼ、タオル、木綿など日常使用しているさまざまな感触のもの
- ●キャンバス地（厚地の木綿）
  …幅20〜30cm、長さ1〜2mのものを3枚程度
- ●キュプラ（裏地）
  …ハンカチくらいの大きさのもの。あれば10枚くらい

そのほか、遊びに有効と思われる布

0歳児 遊びのしかけを準備して

いろいろなものを引っ張る姿が見られる時期の子どもたちに、日常の遊びの中で引っ張り出せるしかけを提供しました。

↓

導入

1対1で手渡す

日常の遊びの中でゆったりと遊びます。その子の月齢や発達に合わせてしかけを選び、保育者が1対1で手渡したり目前に置いたりします。初めてしかけに出会う子どもには、保育者が楽しそうに引っ張ってみましょう。

しかけを子どもと確認して

保育室に引っ張り出せる場がいっぱいあることを子どもたちと共に確認します。遊び始めない子どもがいたら、保育者がいっしょに遊びましょう。

ミルク缶

ミルク缶のふたを半分くり抜いた穴からきれいな色のチュールレースが出ています。サラサラしたキュプラ（裏地）製の布でも感触がよく、楽しめます。

「ながいなぁ」

立って右腕を上にあげてもまだ出てきます。何色かの布を結んで長くしてあります。

「もっとあるかなぁ」

引っ張り出した布が頭の上にかぶさっていますが、まだ缶の中が気になるようです。

布で遊ぼう

ミルク缶
- ふたを半分切ったもの（2〜3個）
- 筒状に縫った布の上下にゴムを入れて絞ったカバーを掛けたもの（1〜2個）

ペットボトル
- **2ℓの角型**
　…2〜3個
- **2ℓの丸型**
　…上部⅓を切り、切り口にビニールテープを巻いたもの（1〜2個）

網
30㎝×30㎝程度のもの1枚。高さ調整のために下に高さ10㎝くらいの段ボール箱を設置しておく
※ミルク缶、ペットボトル、網の段ボール箱の中には布を入れておく。

アクリル板
25㎝×40㎝程度で、穴をあけたもの。穴にチュールレースを引っ掛けてつるす。ない場合は白か透明のピンチ付き洗濯ハンガー

紙管
ラップの芯などの紙管、30㎝くらいの長さのもの2〜3本。紙管に図のように布を巻き付け、紙管の中に棒を通し、スズランテープでつるす。

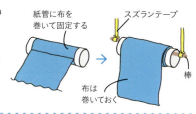

ティッシュペーパーの箱
ティッシュペーパーの箱の長さに切った紙管に布を巻いたものを中に入れる。箱1個に芯1本必要

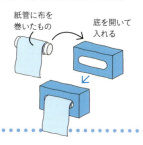

ペットボトル

2ℓのペットボトルと、その上部を切ったペットボトル。中にはカラフルなチュールレースが入っています。口からは、少し布を出しておきます。

「なにかなぁ」

ペットボトルの中には4色のチュールレースが結んで詰め込まれています。ひとりでは引っ張れないので、保育者がペットボトルを持ってあげましょう。

横向きに引っ張っていますね。しかけの高さから、下方向に引っ張りにくいのです。

「でてきた」

0・1歳児
いろいろな場所にしかけを準備して

1歳児が多く、探索的な活動が見られる場合にはこのような環境構成はいかがでしょうか。

網

いつも使っているハンカチ。網に通しておくだけでおもしろそうな遊びのしかけになりました。

引っ張るとすぐに抜けるもの、そうでないものがあります。全部なくなっても、すぐに再生できる便利なしかけです。

「いっぱいとれた」

0・1歳児 いろいろな場所にしかけを準備して

紙管

ラップの芯などの紙管に布を巻き付けておきます。引っ張り出しても新聞紙のように破れないので、遊びの展開が紙とは異なります。

幅のあるカーテンのような布。両手で引くときもありますが、少し力がいるので体を壁で支えて引っ張ります。

しゅるしゅるー

かくれたよ。ばあぁ

カーテンの陰に隠れているみたいですね。いないいないばあで遊んでいます。

しゅーっ

ミルク缶がここでも登場。布のカバーが付けてあります。

たくさんのしかけ

子どもたちが日常使っている棚が、今日はいろいろな引っ張る環境に変化しています。なじみのある場には安心してかかわります。

でてきたー

ティッシュペーパーの箱は棚に固定してあり、中には紙管が入っていて布を巻いてあります。

カエルさん?

布を引っ張ろうとしたとき、カエルの洗濯ピンチが目に入りました。引っ張っていいのかちょっととまどっています。

布で遊ぼう

つるして

チュールレースを上方につるしました。アクリル板がなければピンチ付き洗濯ハンガーでも代用できます。

「ひっぱってもいいかな」

初めて出会うものに、そーっとかかわっています。だいじょうぶ、とわかってから引っ張ってみました。

上のほうのきれいな布を見つけました。ちょっと高いけれど挑戦しようとしています。

「おててをのばして、えいっ」

保育のポイント

心の安定・安心がいちばん

* 新学期がスタートする時期には、0～2歳児の造形活動の素材として、「安心してかかわれる素材」「身近な素材」「感触的なかかわりが楽しい素材」であることを大切にしましょう。

* 布はその中のひとつで、さらさらした布は心地良く、遊びを継続することができます。透ける薄い布は軽く、容器に入れるとコンパクトになりますが、引っ張り出すと意外に長くなるといった特徴を持っています。またかぶっても向こう側が透けて見え、怖くありません。布だけでも遊べますが、「ものとの出会い方」を事例のように工夫することで、遊びの楽しさを体感し、心の安定へとつながることでしょう。何よりも保育者が不安感を払拭して子どもといっしょに遊ぶことを忘れないようにしましょう。

おく先生のミニ講義 ― 布とかかわる子どもの姿を把握しておこう

▶ 0歳児はタオルを握る、振る、口に持って行くなどの姿が見られる。ハイハイしたり、お座りできたりすると、布を握った手を動かして引っ張るなどする。

▶ 1歳前後ぐらいからロール状に巻いた布を引き出したり、カーテンに隠れて遊ぶように厚手の布に隠れ、いないいないばあをしたりするなど、ある・ないの世界を楽しむ。

▶ 2歳前後では大きな布だけでも遊ぶ姿が見られ、かぶる・自分に巻き付けるなどしてお化けやお姫様などに変身する姿が現れる。

子どもの日常の姿をよく観察しておくと、素材とかかわる子どもの姿も見えてくるでしょう。

ものや場と出会う

ポットンポットン楽しいな

身近にあるペットボトルやミルク缶などの雑材や、保育者の手作り玩具など、日常にあるものを組み合わせたり、少し工夫することで、魅力ある遊びの環境ができ上がります。急がず、焦らず、少しずつ始めましょう。

活動のねらい
- 0・1歳児 入れたり、出したりすることを楽しむ。
- 1・2歳児 ものや場所に探索的にかかわろうとする。

準備するもの

〈ポットン落とし〉
- ミルク缶
- キルティング地
- ゴム
- 入れるもの
  積み木、リング、お手玉

0・1歳児 ポットン落とし その場でゆったり

ひとりひとりに「自分のもの」があることで安心してゆったり遊びます。0〜1歳児の日々の遊びにぴったりです。

ミルク缶 透明容器

円形の素材を、まだ指でつまめず手で握っています。うまく穴に入るかな？（0歳児）

両手で大きなふたを握って「入らないなぁ」という顔。試している姿は真剣です。（0歳児）

ぴったり！

ミルク缶に布を被せた手作り玩具。水色のリングを親指とひとさし指で摘まんで、真ん中に命中。（0歳児）

ポットンポットン楽しいな

〈探索的にかかわって〉

透明容器
ビニールテープ
入れるもの
四角や円形に切った厚紙や平たいおもちゃ

ビニールテープで切り抜いて切り口を覆う
四角や円形に切った厚紙や平たいおもちゃ〈入れるもの〉

ペットボトル
入れるもの
チェーンリングなど

ペットボトル（ふた無し）280ml〜2ℓ
チェーンリングなど〈入れるもの〉
長さ……約10cm〜1mまでいろいろ

段ボール箱
テープ
入れるもの
積み木、ボール、厚紙や段ボールを切ったもの

いろいろな形や大きさに穴をあける
床にテープではる

〈入れるもの〉

ボール／厚紙や段ボールを切ったもの／積み木

透明ホース
網
ひも
入れるもの
スポンジ、木の棒

網
イス
テープ
入れるもの
積み木やタイルなど

ひもなどでくくり付ける
透明ホース 少し太め、長さ約30〜40cm
ネット
スポンジ／木の棒〈入れるもの〉
テープで固定
網
積み木やタイルなど〈入れるもの〉

ペットボトル

「ながいのはいった」

長いチェーンリングは立って入れて、短いチェーンリングは座ったままで。素材の長さで入れ方が違います。（1歳児）

「でてこいでてこい」

入れたチェーンリングを、片手で持って傾けて、指を使って1本ずつ大事にかき出しています。（1歳児）

1・2歳児 探索的にかかわって

新しい環境に慣れることが大切な時期。でも、1〜2歳児は探索の意欲もいっぱい。遊びの意欲を引き出す環境を少しプラスしてみましょう。

穴をあけた段ボールに

大きめの段ボール箱には丸や四角の穴が。穴と素材の大きさや入れる向きが合わず、何度も試します。

なにしてるの？

友達が入れようとしている円形の素材に熱い視線を注いでいます。入れようとしている子どものまなざしの真剣なこと。

袋を発見！

3つの穴の内ふたつにビニール袋を付けています。素材を入れた後の子どものリアクションの違いに期待。

透明ホース

網に少し太めの透明のホースを結びつけたもの。透明だと中身が見えるから入ったのがよくわかります。

ぎゅうぎゅう

ここにも穴を見つけたよ！ いろいろな色のスポンジを詰め込んでいます。

おててがはいっちゃった

ものを入れようとしましたが、向こう側へ落ちずに、手ごと袋の中へ。

ポットンポットン楽しいな

網やカゴの すき間に

ここにもはいるかな？

脱衣カゴを伏せて固定してみました。網と似た環境ですが、タイルを取り出せないので、繰り返しは少ないようでした。

タイルを落とすと音がします。音は床に到着した印。落としたタイルを下から取り出せるので、何度も繰り返し遊びます。

こーんっていう

おく先生の ミニ講義

幅のある物的環境の準備を！

0〜2歳児は個人差もありますが、月齢が違うと遊びの姿が大きく異なります。探索的にかかわりながら入れる場を探す環境においても、自分だけのポットン落としがあったほうがよい子どももいるわけです。発達や子どもの姿をよく理解して、幅のある物的環境の準備をしましょう。

発達と入れる遊び

手指の発達や認知能力を理解することが大切です。

ミルク缶なら8か月過ぎからポットン落としをする子どもがいます。入れる素材を手でつかむ子どもと指でつまむ子どもでは、入れ方が異なります。経験によっても違いますが、2歳ぐらいになると素材に合う穴をすぐに見つけます。認知や見通しの力なども考慮して、穴の大きさや数を調整するといいですね。

4月に行なう場合に気をつけること

子どものペースを大切に、ひとりひとりに寄り添いましょう。

子どもが安心して遊ぶことが目標です。0〜2歳児の4月はやはり保育者といっしょに遊ぶことが基本です。造形的な遊びでは、ものを介して子どもと保育者が応答的にかかわることを通して遊びの楽しさを味わいます。

> ものや場と出会う

いつもの場所にひと工夫
こんなの見つけたよ！

子どもたちの日常の姿をよく観察していると、今、大好きな場やものが見えてきます。ここでは場への探索的なかかわりに注目して、いつもの場にひと工夫した3つの実践例をご紹介します。

活動のねらい
● ものや場への探索的なかかわりを楽しむ。

準備するもの

〈新聞紙ビリビリ〉

新聞紙、テープ（カラークラフトテープ　など）
新聞紙に穴や切り込みを入れて子どもがつまみやすいようにし、壁や床にはる

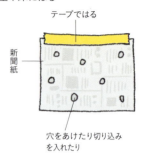

1 歳児　新聞紙ビリビリ

新聞紙を壁や床、ロッカーにはってみました。

導入

保育室内にこのようなしかけを作り、子どもたちを誘います。

ビリビリしたよ

新聞紙の四隅には、つまみやすいようしかけがあります。でも破り始めたのは中央にあけた穴からでした。

あなあったー！

いつもの棚が大変身。ところどころにあいている小さな穴がポイントです。

〈くっつけたり、はがしたり〉

段ボール、両面テープ、テープ
（養生テープなど）

くっつけるもの
ボトルキャップ、ボール、プリンカップなどの空き容器、スポンジ、5cmくらいに切ったホース、丸めた紙をセロハンで包んだ物　など

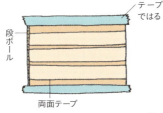

※ 0歳児で行なったので、両面テープをできるだけすき間なくはりました。

〈布でスルスルー〉

布
一方の端をロッカーの引き出しの穴に巻き付け、本体は引き出しの内部に隠し、もう一方の端を穴から出して引っ張れるようにしておく

こんなの見つけたよ！

> **ポイント**
> ### 場の構成は子どもの姿をよく見て
>
> **0歳児**…新しい環境や、環境が変化すると、なかなかかかわろうとしません。基本はいつもの場所で。
>
> **1歳児**…いつもの場所やものが変化しても、興味を持って探索開始。ただし、変化が見え見えでないと、準備した場が既存の環境と同じであることに気づかない場合があります。「透明」な素材が有効です。
>
> **2歳児**…いつもの場が大きく変化していても、いつもの棚であることを理解したり、今日の環境の変化を受け止めたり、楽しんでかかわろうとする姿勢が見られます。

いないいないばあ

破った後の新聞紙が次の遊びの素材に。保育者との応答が楽しいですね。

いっぱいいれるー

牛乳パックに入れたり出したり。この子が見つけた遊びです。

0・1歳児 くっつけたり、はがしたり

両面テープをはった段ボールを床や壁にはり付けました。

床の上に置いた段ボールにボールやボトルキャップをペタッ。人気があったのは色セロハンのボール。(0歳児)

少しだけ配列が見えますね。ホースは、くっつきすぎて外れにくいのが少々難点でした。

ここにもぺた

壁にはった場を発見。さっそくそーっとくっつけてみます。

自分の手足もくっついた！でも、めでたく自分で脱出しました。

保育のポイント

いつも置いている玩具は子どもたちの視野に入らない所に

* 造形的な遊びのねらいを持ってつくった環境に子どもたちがかかわる活動では、余分な要素がないほうが集中できます。

準備した環境に子どもがすぐにかかわらないときは？

* 子どもに寄り添いながら、少し待ってみましょう。興味があっても見ていたりして、0～1歳の子どもたちは意外と慎重です。子どもの姿を見ながら、ゆっくりいっしょに遊んでみてもいいですね。

子どもの月齢がバラバラのとき

* 低年齢児の場合は少しの月齢の違いで遊びも変わりますので、複数の場やものを準備しましょう。広い月齢の幅をカバーできるように、ものや場の準備と、個々のケースに合った保育者のかかわりが重要です。

こんなの見つけたよ！

0歳児 布でスルスルー

ロッカーに布を巻き付けています。引っ張れるように少し布を出しておきます。

いっぱい出てきてちょっと満足。保育者はもう少し引っ張ってみたらと促しています。

引っ張ること大好き。保育室の引き出しに赤い布を見つけて、引っ張ってみるとどんどん出てきました。

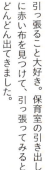

でてきたー

おく先生のミニ講義

場の意味を共通理解しておこう

これらは「場」の探索から始まり「もの」とのかかわりへ移行することが多い活動です。

何が活動の中心になるかを、保育者間で共通理解しておきましょう。

①新聞紙ビリビリ
新聞紙で作った場に探索的にかかわることを楽しむ。
新聞紙の単一素材で「場」と「もの」が同時に準備されています。

②くっつけたり、はがしたり
自分の好きな場やものを見つけ、くっつけたりはがしたりすることを楽しむ。
「場」は自分の遊びを見つける働きをします。

③布でスルスルー
握ったり、引っ張ったりすることを楽しむ。
この活動における「場」は、握ったり引っ張ったりする「もの」を見つけるための場所です。

ものや場と出会う

ビリビリ、むきむき…出てきたね！

「もの」との出会い方が子どもの興味を刺激します。カラーボール、積み木、空き容器など保育室の「いつものおもちゃ」を紙で包んでみました。ワクワクする出会いですね。

活動のねらい ● 紙を破ることを楽しむ。

準備するもの

包まれるもの
カラーボール、ソフト積み木、プリンなどの空き容器、ボトルキャップなどの身の回りのもの

紙類(覆うもの)
新聞紙、セロハン、フラワーペーパー、紙テープ、ビニールテープ　など

※ 新聞紙が中心ですが、セロハンやフラワーペーパーをたまに使うと、変化があって楽しい始まりになるでしょう。

段ボール
穴をあけておく

セロハンテープ

1歳児　破ったり引っ張ったり

いつものおもちゃを新聞紙やセロハン、フラワーペーパーなどで包みました。ビリビリ、むきむきと破ったり、引っ張ったりして遊びます。

導入

新聞などの紙で包んだものと穴をあけた段ボール箱を床に置き、連ねて包んだものを天井から紙テープでつるしました。
ここに子どもたちを誘って遊びを始めます。

出会い

いろいろな形で包まれた「もの」との出会いです。

「おおきいのあった」

いちばん上をつまんで、開き始めます。

ポイント
遊びの始まりは、そーっと

● 「何があるかな？」「そーっと入ろうね」と子どもたちといっしょに入室しましょう。もしくは、入室前に「こんなの見つけたよ。ビリビリしてみようか」と保育者が準備しておいたものを破ってみましょう。

● 広い場所での探索的な遊びに慣れていない子どもたちには、ひとり分を袋に入れて、渡してあげましょう。自分のものがあると、安心して遊べます。

ビリビリ、むきむき…出てきたね！

包み方

ねじって包む
左右同じ方向
上だけ

ソフト積み木など
逆方向

包む

カラーボールなど
破るためのきっかけをつくる

ぐるぐる巻き
巻く
カラーボールなど
ビニールテープや紙テープ

バナナのようにむけるように

容器など
ビニールテープ

つるす場合は

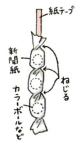
紙テープ
新聞紙
ねじる
カラーボールなど

ねじりながら包んでいき、紙テープで天井からつるす

ポイント
ひとりひとりをイメージして

Aちゃんは指でそーっと、Bちゃんは両手でつかんで引っ張るなど…、ひとりひとりがどのように紙の包みを開くのかをイメージして包みましょう。大人でも開きにくいものは避けます。

こんなの、あったー！

保育室に入ってきてまず見つけたのが、床にあるもの。そーっと手に取りビリッ。

ポイント
遊びが始まったら

子どもたちがものや場を探索し、みずから破り始めるのをしばらく待ちましょう。遊びが見つからない子どもがいたら、保育者といっしょに破ったりして、ものや場に興味が持てるように誘ってみてください。

ポイント
子どもの遊びをしっかり見よう

ひとりひとりが興味を持ったものや場、破る・ちぎるなど紙を操作する手指の使い方に注目しましょう。保育者間で生活場面での子どもの姿と照応すると援助のヒントにもつながります。

ありがとう　どうぞ！

保育者とのやりとりを楽しんでいます。

1歳児 破ったり引っ張ったり -子どもたちのようす-

子どもたちの活動を見守る中で、手元にも注目してみましょう。

破る

紙をギュッとつかんで…。破れないよー！

引っ張る

手元をしっかり見て、両手ともひとさし指と親指でつまんで引っ張っています。

はがす（むく）

視線は左手のカラーボールに。でも右手ははがしたテープとまだ格闘中。

はがす（むく）

ビニールテープをつまんで、上から下へビーッとはがしています。

ビリビリ、むきむき…出てきたね！

新聞紙を引っ張って…

ちょっと視線を上に向けて、ものと出会います。不思議に思って触る、握る、そして引っ張ってみると…。

あったー！

紙テープがプツン。中からカラーボールが出てきて「あったー！」
でも、つながった新聞紙は不思議なようです。

ほかにもこんな活動が！

展開例～それぞれの遊びへ～

破る、ちぎるが中心ですが、最終的には多様な遊びが出てきます。
こんなものを準備してみました。

 細かく紙をちぎり出した
→包まれていた容器を渡して集められるように

 破った新聞紙を入れてみる
→段ボールのほかの穴にも気づくように

 もっと破りたい
→すでに子どもが破ったものを使って保育者が環境を再構成する

 紙を詰める
→ポリ袋や傘袋などを準備しておく

ものや場と出会う

「もの」との出会いを大切に
ひとりひとりにどーぞ！

造形活動は「もの」との出会い方で活動の方向が決まります。子どもが安心して活動を始められるように、ひとりひとりに自分の「もの」を準備しましょう。

準備するもの

紙袋（持ち手の付いていないもの）

素材いろいろ
同じ形状のもの（多数）
　…小さい透明カップ（ペットボトルキャップでも可）、緩衝材（楕円形と円柱の2種）、5cmくらいに切ったストロー　など
形が変化するもの
　…洗濯バサミ、モール、いろいろな色の毛糸（15cmくらいのもの）　など

活動のねらい
- 0・1歳児　さまざまな「もの」との出会いを楽しむ。
- 1・2歳児　さまざまな「もの」と出会い、自分の遊びを見つける。

1歳児　「もの」との出会い

いろいろな素材を入れた紙袋をひとりひとりに手渡します。子どもたちはどんな遊びを見つけるでしょうか？

導入

保育者が紙袋を振ったりのぞいたりして、「何が入っているのかな？」と問いかけます。子どもの興味が高まったら、「どうぞ」とひとりひとりに手渡して、もらった子どもから遊びが始まります。

紙袋と出会う

なにがあるかなぁ

紙袋に顔を近づけて、中をのぞいています。

なにがでてくるかなぁ

とまどっている子どもがいたら保育者がそっと寄り添います。

ひとりひとりにどーぞ！

ポイント 入れ物を変えることで遊びも変わる

紙袋…出したり入れたり。紙袋は破る、ちぎるなどができるので、単なる入れ物ではなくなります。自分の「もの」という区別ができなくなり、その場にある素材から興味のあるものを選んで好きな遊びを見つけます。

箱…出したり入れたり。箱の中に並べる、グルーピングするなどして箱の中で自分の「もの」で遊びます。箱の外に出た素材を選んで集めるなどして自分の遊びを見つけることができます。

牛乳パックで作った手提げ容器…出したり入れたり。容器に好きな素材を集める、容器そのものを集めるなどの姿が見られます。小さい容器は持ち運ぶ傾向が強いです。

上記のような傾向がありますが、遊びの変化は子どもの発達にも関係が深いこともも留意しておきましょう。

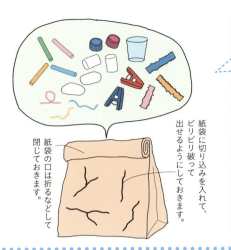

紙袋に切り込みを入れて、ビリビリ破って出せるようにしておきます。

紙袋の口は折るなどして閉じておきます。

ビリビリ、あった！

切り込みを入れて破りやすいようにしておいた部分を発見。思い切って破ったら、いっぱいの素材が！

破った部分から次々と出てくる素材にうれしそうですね。

でてきたよ

中身の素材で遊ぶ

ふわふわしてる

感触がいい緩衝材を手にいっぱい握っています。

洗濯バサミが並んだカード発見。どんなふうに遊ぶのかちょっと思案中です。

これなーに？

1歳児 「もの」との出会い

中身の素材で遊ぶ

「ギュー、ギューッ」

小さい透明カップに緩衝材を詰め込みます。いっぱいになっても押し込むのはこの時期らしい姿ですね。

「とめるのかたい」

洗濯バサミを外す活動が主になると予想してカードに留めておいたのですが、「外して・留めて」に挑戦しています。

「こんなのあった」

洗濯バサミを友達に見せています。「もの」を介したちょっとしたコミュニケーションです。

紙袋で遊ぶ

紙袋そのものも変化する素材です。破ったりちぎったりも遊びのひとつです。

「ビリビリしたよ」

「またみーつけた」

紙袋を入れ物にして、好きなものを集めます。紙袋の再利用です。

ひとりひとりにどーぞ！

ほかにもこんな活動が！

0歳児なら

中に鈴を入れ、口をビニールテープで留める

直接手渡した素材を握る、振るなどしたり、コロコロと子どものほうに転がすと目で追ったり、触ろうとしたりします。音や動きが遊びの要素になりますよ。

2歳児なら

箱を開けたら、おもしろそうな素材がいっぱい出てきます。2歳児の場合、自分の箱の中で並べたり、組み合わせたりして遊ぶことが楽しいようです。

保育のポイント

ひとりひとりが「自分のもの」と出会うことの意味

＊ この時期の0・1歳児は、「みんなで遊ぼう」といっても、自分のものがほしい時期です。自分のものがあることで安心して遊び始めます。他児との取り合いになったり、譲ったりすることも関係性を築くためには大切ですが、まずは落ち着いて遊びのスタートを切ることです。キーワードは「安心」ですね。これは2歳児以上でも有効で、自分のものに出会ってから活動をスタートする意味がそこにあります。

おく先生のミニ講義

「もの」との出会い方

「もの」との出会い方は大きく3つに分けられます。子どもの年齢・発達や活動のねらいによって、導入での「もの」との出会い方を変えてみましょう。

①「もの」とダイレクトに
「おもしろそうなものがあるよ」というような簡単な保育者の誘いでさまざまな「もの」とダイレクトに出会う。言葉で素材の紹介や簡単な遊び方を知らせてもよい。

②「場所」への探索活動から
空間にさまざまなしかけを作っておく場合など、「場所」への探索活動が「もの」との出会いを誘う。言葉や行為を添えて、場やものを紹介して始めてもよい。

③「言葉」で伝えて
「○○を探そう」「○○ちゃんのために〜しよう」などと「言葉」で伝えて、意味や思いの世界の中で「もの」と出会う。

行為や操作の遊び

0歳児 1歳児 2歳児

同じ形の素材がいっぱい！

ボトルキャップ、トイレットペーパーやラップの芯などは集めやすく、遊びの素材として優れています。ものや場にひと工夫すると、子どもたちの遊びが広がります。

活動のねらい
- **0歳児** 入れる遊びを楽しむ。
- **1歳児** いろいろな場に通したり並べたりすることを楽しむ。

準備するもの

〈入れる・転がる〉

ボトルキャップ
- 単体のもの
- 2個をビニールテープで接合したもの

…それぞれ合わせてカゴ1個分くらい準備する（2個結合したものを多く作る）

単体のもの

2個を結合したもの

0歳児 入れる・転がる

ボトルキャップを段ボール箱の穴に入れてみます。箱の下からコロコロ出てくることに気づくでしょうか。

導入

保育者が楽しそうにボトルキャップなどを箱の穴に入れて遊んでみます。子どもが興味を示したら、いっしょに遊ぼう、と誘いましょう。

はいった！

ガチャポンケースをポットン。入っただけで満足です。

あった！

入れたものが出てくることに気づいたようです。受け皿の部分が短いのが効果的だったようです。

ガチャポンケース
10個くらい

スーパーボール

カゴ3個
ボトルキャップ、ガチャポンケース、スーパーボールを3個のカゴに分けて入れておく

段ボール箱や紙管
（右図参照）

クラフトテープ

養生テープ

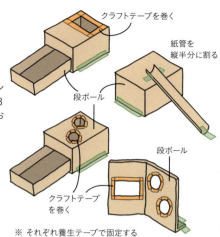

※ それぞれ養生テープで固定する

同じ形の素材がいっぱい！

〈通す・はめる・並べる〉

ボトルキャップ
0歳児同様、単体のものと2個結合したもの

トイレットペーパーの芯
3～5cmに切ってビニールテープで巻く

テープの芯
ビニールテープで巻く

ラップの芯（通す環境をつくる）

ストロー

カゴ・カップ
素材を入れておく

箱・段ボール、ビニールテープ（赤・青・黄）

芯で作った輪

いっぱいあるよ

両手にボトルキャップを持っているのに、見つけたガチャポンケースも欲しいようです。

保育のポイント

単一素材で遊ぶメリット

0～2歳児の場合は発達の差が顕著なので、単一素材より複数素材で遊ぶほうが、自分なりの遊びを見つけやすいのです。1歳児以上ではボトルキャップやトイレットペーパーの芯の輪切りなど、同形の小さな素材を大量に準備するメリットもおおいにあります。

＊ 並べる、積むなどの行為や構成的な遊びが出現する。

＊ それらに赤・青・黄など数色の色彩がある場合は、色のグルーピングをする。

単一素材の場合はこれらの遊びが出現しやすく、本時の造形活動のように場の工夫がこれに加わった場合は、子どもの遊びはさらに広がります。

ヨイショ、ヨイショ

押していますね。どうやらトイレットペーパーの芯はうまく転がってくれないようです。

1歳児 通す・はめる・並べる

カラフルな輪を紙管に通す、ボトルキャップをはめ込む、箱や棚に並べるなど、多様な場にかかわって遊びます。

導入

造形活動の場を子どもたちに紹介し、次に素材を見せて「どうぞ」
子どもたちはどの場所で「通す」遊びや「並べる」遊びを始めるのでしょうか。

ポイント 環境構成

段ボールで環境をつくります。壁際の筒はラップの芯、真ん中の三角形の立面の突起はストローです。

通す・はめる

よいしょ

背伸びをして通しています。輪が重なって、まるで輪投げの様相です。

プシュってはいった

ラップの芯がいっぱい並んだ場所は、通す遊びにぴったりでした。ボトルキャップがラップの芯にはめ込めることも発見！

これなぁに？

通すというより引っ掛けた感じですね。素材の大小はあまり考えていないようです。

同じ形の素材がいっぱい！

並べる

おおきいのいっぱい

青いテープの芯を並べています。色のグルーピングをしていますね。

もっとないかな

大きさで分けて箱に並べました。並べ方にも個性が出ますね。

ここにもおけるよ

ぴったりとはまる棚だけではなく、棚の上に乗せています。1〜2歳児ごろは、背伸びして届く場が大人気です。

きれいにならんでる

何人もの子どもがかかわって、部分的ではありますが、色や形をそろえてていねいに、並べています。

おく先生のミニ講義

子どもの姿に沿った場の作り方

造形活動は「もの」が大きな意味を持ちますが、場の要素は遊びの質を変えます。場の構成も子どもの発達や保育のねらいに沿うことはいうまでもありません。

▶ 0歳児の場合は、いつもの生活空間で、段ボール箱などのサイズは小さめにして子どもが座っても上面が見えるくらいの高さが望ましい。すぐに結果が見えるサイズを心がけたい。

▶ 1歳児以上では座る、立つ、背伸びする姿勢で届く高さの場が可能。探索的に場を移動するので、変化のある空間構成を考えたい。

▶ ものや場の準備は子どもたちの主体的な遊びを誘発しますが、保育者の応答的なかかわりがあって遊びが持続、展開するのです。

牛乳パックで遊ぼう！

行為や操作の遊び　0歳児　1歳児　2歳児

身近にある牛乳パックを輪切りにしたものが今回の遊びの素材です。大量の牛乳パックの輪切りと出会った子どもたちは、どのような遊びを見つけるのでしょうか。

活動のねらい
- 0歳児　ものとの出会いを楽しむ。
- 1・2歳児　牛乳パックの輪切りを積んだり並べたり見立てたりして、自分の遊びを見つける。

準備するもの

牛乳パック（1ℓの牛乳パックを子どもひとりに1〜2個）
- 輪切り2種類
  …幅2cm、5cm
※ 多めに作る。

1・2歳児　牛乳パックの輪切りで遊ぶ

牛乳パックの輪切りの幅を2種類準備しました。子どもたちはどんなふうに遊ぶでしょうか。（写真は1歳児の活動です）

積む

導入

保育者が牛乳パックの輪切りを開いたり閉じたりして見せ、子どもが興味を持ったらひとつずつ子どもたちに手渡します。その後、素材を大量に入れたカゴを2〜3か所に置きました。

「もういっこつむ」

輪切り（5cm中心）を積み木のように積んでいます。5〜6個積むと倒れて、また積んで、を繰り返します。

「せんせい、もっててね」

倒れそうになって、保育者に支えてもらっています。「先生といっしょ」もこの時期の遊びの大切な要素です。

牛乳パックで遊ぼう！

●底があるもの
　…高さ5cm、10cm、14cm
※ 量は少なくてよい。

※ 0歳児は幅5cmの輪切り（これが中心）と高さ5cmの底があるものを使用。

※ 1・2歳児は準備したすべてのものを使用。

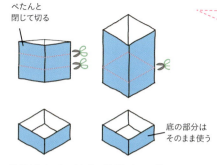

べたんと閉じて切る

底の部分はそのまま使う

※ ほかにもいろいろな使い道があるので、捨てずに取っておくと、また遊びとして使えます。

ポイント
遊びを予測して素材のサイズを決める

子どもがつかんだり、つまんだりしやすいように輪切りの幅を2種類作りました。底があるものは輪切りに興味を示さないかもしれない子どものために、積み木のように扱ったり、出し入れして遊んだりできるように少量作りました。高さ14cmのものは輪切りを畳んだものをピッタリと収納できるサイズです。

畳む
輪切り（5cm）を平らにしたものを曲げています。

ペッタンコにしたよ

並べる

どんどん並べていますが、5cmと2cmの輪が混在しています。並べているうちに自分の周りを囲んでしまいました。

いっぱいならべたよ

保育のポイント

素材の特徴を理解しておくこと

* ここでの遊びの素材はほぼ牛乳パックの輪切りだけ。積んだり並べたりの構成遊びをすることが可能です。折り目に添って形が変わるところがおもしろく、0歳児は開けたり閉めたりして遊びますが、3歳以上児では菱形にして形を組み合わせる姿も見られます。子どもへの援助のためにも事前の素材研究をしておきましょう。

ひとりひとりの子どもの遊び方をキャッチすること

* 子どもによって、素材へのかかわり方にも個性があります。自分からかかわっていく子どもには受容と見守りを、遊びが停滞したときには新しい遊びを提供してみましょう。遊びが見つからない子どもがいたら、いっしょにのぞいたり積んだりしてみます。ひとりで動き出せば、そーっと見守りに。多様な遊びに対応できるように保育者は引き出しにたくさんの遊び方を持っていてください。

1・2歳児 牛乳パックの輪切りで遊ぶ

ほかにもいろいろな遊びが見られます。

集める・入れる

「いっぱいはいった」

底のある牛乳パック（5cm）に平らにした輪切り（5cm）を入れています。ちょっと不安定かしら。

「これもじょうずにはいる」

平らにしたものを同じ高さの牛乳パックに入れています。ぴったり入るのがおもしろいのでしょう。

見立てる

最近自分でお弁当のふたをすることができるようになり、ここでもふたをすることにこだわっていました。

「ふたしたよ」

おく先生のミニ講義　年齢・発達で遊び方が変化します

- 0歳児…牛乳パックの輪切りを開けたり閉めたり、のぞいてみたり手に通したり、身体的なかかわりが多い。2〜3個積む、保育者が積んだものを壊すなど。

- 1歳児…5〜6個積むようになる。並べる、囲うなど、使う量が多くなる。見立てやごっこ遊びのようなものが見られる。

- 2歳児…同じ幅の輪を選ぶなど積み方や並べ方に工夫が見られる。洗濯バサミなどを加えると、縁に挟んだり2個の輪を留めたりするなども見られる。

牛乳パックで遊ぼう！

0歳児　輪切りをもてあそぶ

0歳児は基本的には牛乳パックの輪切りをもてあそぶことが中心です。5cmの輪切りと底のあるものを準備しました。

↓

導入

「どうぞ」

お座りしている子どもや、保育者に抱かれている子どもの前に、牛乳パックの輪切り（5cm）を「どうぞ」と置いていきます。

保育者と遊ぶ

「バァー」

保育者が輪からのぞくと、子どもものぞきます。応答が楽しい遊びです。

開けたり閉めたり

開けたり閉めたり、牛乳パックの輪切りは変化しておもしろいですね。

「あけたいの」

「ペコ、ペコ」

かすかですが、おもしろい音がすることに気づきました。

手に通す

「いっぱいあるよ」

両手いっぱいに輪を通しています。足に通す子どももいました。

積む・壊す

「せんせい、みてね」

積み木のように2個積んでいます。積んだり、壊したりもこの時期の遊びです。

行為や操作の遊び

ひっかけたり、つないだり
S字フックで遊ぼう

0歳児　1歳児　2歳児

持ち方や方向が違うと掛けにくいS字フック。何度も挑戦して子どもたちはコツをつかみます。引っ掛ける遊びからつなぐ遊びへ。子どもたちの遊びは変化し、進化します。

活動のねらい
- 場所を探索して、掛けることを楽しむ。

準備するもの

S字フック（11cm程度のもの、6〜7色）
ひとりにつき15個程度紙袋に入れておく。足りなくなったら、そのつど補充する

金網

イス
スズランテープで金網を固定する

園芸用の網
園芸用添え木にくくり付けてつるす、窓や棚に張る

棚
保育室のもの

1歳児　さまざまな場に掛ける

金網と園芸用の網を環境として準備しました。固定した場と揺れる場、高い位置と低い位置、子どもたちがよく遊ぶのはどれでしょうか。

導入

環境が見える位置に子どもたちは座ります。保育者は紙袋を振ったりのぞいたりして中身に興味を持たせ、そーっとS字フックを紙袋から取り出し、掛けるときの手もとがよく見えるようにゆっくりとS字フックを掛けたりつないだりしてみます。そして、ひとりひとりにS字フックが入った紙袋を渡し、活動が始まります。

いっぱい はいっているかな

ひとりに1袋もらうとうれしいですね。何よりも自分のものがあると安心です。

はいったー

金網に掛ける

金網の上面からトライ。S字フックの小さいほうから金網の目に入れたので、運よく入りました。

S字フックで遊ぼう

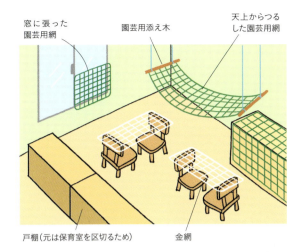

窓に張った園芸用網　園芸用添え木　天上からつるした園芸用網

戸棚（元は保育室を区切るため）　金網

ポイント
2種類の素材で場を作る

金網は固定され、安定した場、園芸用網は揺れる不安定な場としてつくりました。子どもの発達の幅がありますので、環境構成を考えるときは単一の条件より、2種類以上の素材で場を構成してみましょう。難易度を変えて準備することになるので、ひとりひとりの子どもにとってそれぞれに合った場を見つけやすいのではないでしょうか。加えて、平面や立面、高さなどの変化も環境構成には大切なポイントになります。

もういっこ、かける―

この時期の子どもたちがS字フックを掛ける姿は、基本的には1個ずつ。時間とともにつなぐ遊びが見られるようになりました。

はいらないー

金網の目に対してS字フックを斜めにすると入るのですが、難しいですね。「掛ける」という行為ではないのですが、これも受容しましょう。多くのS字フックが「入って」います。

とれない！

外そうとしていますが、右手にも左手にも2個ずつのS字フックが。1歳児の時期は掛けたり外したりが多く見られます。

ひっかかるかな

視線がしっかり手もとに行っていますね。もう少しで掛かりそうですが、S字フックの上部を握って持っているので、命中しにくいのです。

1歳児 さまざまな場に掛ける

園芸用の網に掛ける

「つながったー」

網に掛けたS字フックに引っ掛けて、少し長くなりました。

上を向いて手を伸ばして、網に掛けようとしています。網を少し下げるなど保育者が援助してみてもいいですね。

「とどかないよー」

「こっちも、こっちも」

両手にS字フックを持って掛けようとしていますね。網は不安定でなかなか難しいのですが、それが意欲につながる場合もあるのです。

「よいしょ」

掛けようと手を伸ばしていますが、S字フックの持ち方に注目。掛かるとは思えませんね。

「いっぱいあつめよう」

他児が掛けたS字フックを紙袋の中に収集しています。かたづけをしているのではありません。

S字フックで遊ぼう

掛けやすい場所を見つける

高さも安定感もいいぐあいの場を見つけました。保育者の予想外の場ですが、うまく引っ掛かるものですね。

💬 ここにもかけるよー

💬 いっぱいみつけた

棚に掛かった多くのS字フック。ここでも収集する子どもの姿が見られます。

保育のポイント

予想外の場で遊ぶ

＊ 保育室の区切りのために置いた棚が、子どもの遊びの場になりました。網に引っ掛けること、S字フックをつなぐことがねらいですので、棚の一部を使うことは予想外の活動ですが、「まちがっている」ととらえずに、子どもの大発見を受容しましょう。そして、なぜこの場が子どもにとって遊びやすいのかを考察してください。次の活動のヒントになります。

おく先生のミニ講義

S字フックを持つ手に注目！

子どもの行為をよく観察すると、S字フックをうまく掛ける子、何度試しても掛かりにくい子、あるとき以降容易に掛ける子がいることに気づきます。どうしてこのような違いが生まれるのでしょうか。S字フックを持つ手に注目してみました。掛けようとする箇所にS字の開いた部分を向けると掛かるのですが、S字の閉じた部分を向けていることが多いので掛からないのです。1歳児はS字フックの向きや掛ける角度を調節すると掛かることに気づかず、偶然に掛かるケースが多いということです。偶然を重ねるうちにコツをつかめるといいのですが、そうでない場合は保育者がいっしょに掛けて「〇〇したら掛かったね」などと、言葉を添えて確認します。このような子どもの意欲が持続するための援助が必要です。

行為や操作の遊び

外したり、挟んだり
洗濯バサミで遊ぼう！

身近なものが何でも遊びの素材に！ 子どもにとって洗濯バサミを外したり、挟んだりする行為そのものが楽しい遊びです。外したり、挟んだりする場も工夫してみましょう。

活動のねらい
- [0・1歳児] 外したり、挟んだりする行為を楽しむ。
- [2歳児] いろいろな場に挟むことを楽しむ。

準備するもの

〈外したり・挟んだり〉

洗濯バサミ（大・小）
ひとつの場所に5〜10個を挟んでおきます。子どもが外してしまったら、保育者が挟みましょう。繰り返し遊びます。

洗濯バサミを挟んでおくもの
- ●クッション
- ●すき間が大きめのカゴ
- ●段ボールをプチプチシートで包んだもの
  …洗濯バサミを外して遊びます
- ●厚紙
  …洗濯バサミを外したり、挟んだりして遊びます

0・1歳児　外したり・挟んだり

0歳児は引っ張って外す、1歳児は外したものをまた挟むなどします。

導入

洗濯バサミを挟んだものを出す

子どもたちの前にクッション、プチプチシート、カゴなど、保育室で見慣れたものに洗濯バサミを挟んで出してみました。子どもたちはこれらのものに出会い、活動がスタートします。

外す

あった！

粗めのプチプチシートに挟んだ大きい洗濯バサミを発見。引っ張ってみています。（0歳）

もうちょっとでとれるよ

大小の洗濯バサミが段ボールの台紙に挟んであります。指でつまんで外そうとしていますね。（0歳児）

洗濯バサミで遊ぼう！

クッション

カゴ

段ボール＋
プチプチシート

〈場所にかかわって〉

洗濯バサミ
同じ大きさのもの、多様な色のもの（色をグルーピングする可能性があるため）。50個くらいずつカゴに入れて、2〜3か所、床に固定して置く

しかけに使うもの
段ボール、ひも（綿ロープ）、紙皿、スズランテープ、クラフトテープ、養生テープ

養生テープなど
段ボール板を折ってしっかり接着しておく

大：直径30cm
小：直径15cmの円形

ひもを張って、3か所に紙皿をつるし、揺れる場所を作ります。

とれない〜

カゴやクッションに洗濯バサミを挟んでおきました。カゴの目にしっかり挟まっているので外れにくいようです。（0歳児）

挟む

もういっかい！

厚紙に挟んだ洗濯バサミを外して遊びました。ふと見るとまた挟もうと格闘中です。（1歳児）

保育のポイント

洗濯バサミを選ぶポイント

* 大きさはレギュラーサイズがおすすめ（同じ形のものを大量に）。
* 色は複数あると遊びが膨らむ。
* バネがあまりきつくないもの。

子どもの年齢や活動のねらいによって変わります。

173

> **2歳児** 場所にかかわって
>
> 挟む意欲を引き出す魅力的な環境を準備しました。

導入

保育者が環境の中の1か所に洗濯バサミを挟んでみます。洗濯バサミがカゴに入れて置いてあることも知らせます。

歩いて行って見つける、座って挟むことができる、引っ掛からないなど、子どもの目の高さと安全に考慮して、立面や空間の環境をつくります。

壁のしかけ

「パチン、パチン」

ひとつずつ、黙々と挟んでいきます。いっぱいになるまで続けます。

「こっちにもはさむよ」

友達が右から挟んでいる場所へやってきた子どもは、左から挟もうとしています。

張られたひもに

「こっちにもしたい〜」

紙皿で作った場所にしっかり挟んでほしい環境構成でしたが、少しずつひもにも洗濯バサミが増えています。

「いっぱいだー」

壁や床、つるした紙皿が満杯になったので、ひもに洗濯バサミがきれいに並びました。

洗濯バサミで遊ぼう！

床のしかけ

少し時間が経つと同じ場所が変化しています。今は並べて挟んでいますね。小さい円に白い洗濯バサミを2個挟んだものに、「ウサギさん」という見立てが出たようです。

いっぱいはさんだ

3個並んだ円。真ん中の大きいもの、右、左と天辺にひとつずつ挟んでいます。

こっちにもはさんだよ

床のしかけを発見。左のほうから順にきれいに並べています。

ならんでる

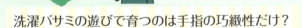

おく先生のミニ講義

洗濯バサミの遊びで育つのは手指の巧緻性だけ？

「造形活動」という窓口から見ると、育ちのイメージが広がります。外したり挟んだりすることが楽しくて、結果的に巧緻性も育つのです。子どもの活動をしっかり観察しましょう。外しにくい場や挟みやすい厚さが経験的にわかる、色を選ぶ、グルーピングする、場の状況に反応して並べるなど配列の遊び・飾る遊びをする、円形の厚紙に2個の洗濯バサミを挟んで「ウサギ」と見立てる、などいろいろな育ちが見えてきますね。

年齢によって遊び方が違う？

手指の操作が発達し、外すから挟む、見立てるへと遊びが変化します。

- 0歳児…つかむ、つまむから、引っ張って洗濯バサミを外すことが中心。
- 1歳児…外したり挟んだり。保育者や他児が挟む操作を見て模倣しようする。
- 2歳児…挟むことが中心に。色のグルーピングや、厚紙に洗濯バサミを挟んだものを見立てたりする。

行為や操作の遊び

いっぱい挟む、長くつなぐ

洗濯バサミ「＋1」の活動を紹介します。「＋1」はリボン。場所を探索してリボンをひもに留める活動やリボンを長くつなぐ活動が予測されます。子どもの挑戦はどこに現れるでしょうか。

活動のねらい
- リボンを留めたりつないだりすることを楽しむ。

準備するもの

リボン
20〜25cmくらいのもの、30〜40cmくらいのもの、50cm以上のもの
幅は3〜5cmくらいを中心に
（布をテープ状に切ったものも交える）

洗濯バサミ
ひとり15〜20個ぐらい＋補充分200個程度

2歳児　挟んで留める、挟んでつなぐ

洗濯バサミで挟んでリボンをいっぱい留めることを楽しみましょう。リボンとリボンを挟んでつなぐ活動にも挑戦します。

導入

環境構成した場が見えるように座った子どもたちに、洗濯バサミとリボンを見せます。保育者が環境の中に張ったひもに洗濯バサミでリボンを挟んで留めてみます。次に留めたリボンにもうひとつリボンを挟んでつないでみて、「留まったね」「つないだら長くなったね」と言葉にしましょう。ひとりひとりに洗濯バサミを入れたショルダー型の容器を掛けてあげ、ひもが張ってある場はゆっくり歩くことを伝えて活動を始めます。

ロープに留める

「はさんだよ」

左手でひもを安定させるように持って、右手で挟みます。両手を使えるのでペットボトルのバッグが有効ですね。

「ここにもとめる」

パーティション越しにパチン。パーティションにもリボンが挟んでありますね。

いっぱい挟む、長くつなぐ

洗濯バサミ入れ
ペットボトルを切ったものにリボンなどを付け、ショルダー型にひとり1個作っておく

ひも
結束ロープをよったひも（白）

ポイント　環境構成　下図を参考に、環境構成をしてみてください。

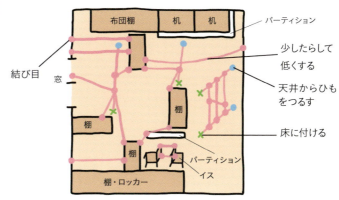

よく見るとひもが挟めていないようです。もう1回チャレンジです。

木綿の布をテープ状に切ったものを選んで挟もうとしています。左手でひもを引き上げて微調整しています。

何枚ものリボンがきれいに留めてあります。最後の4〜5枚は同じリボンを選んでいます。

2歳児　挟んで留める、挟んでつなぐ

ロープに留める

低い位置に張ったひもに挑戦しています。挟みにくいから夢中になることもあるのです。

「ちょっとむずかしいなぁ」

クモの巣状にひもを張ってみましたが、斜めや縦のひもに挟むのは難しかったようです。

「ここにもとめていいの？」

リボンにリボン

ほとんどの子どもは、「挟んで留める」ですが、少しずつ「挟んでつなぐ」子どもが現れてきました。

「2こつないだよ」

「ながくしてるの」

左手で2枚のリボンを動かないように重ねて持って、右手で挟む。真剣です。

2〜3枚つなぐのが限度ですが、"一生懸命"の結果です。

いっぱい挟む、長くつなぐ

おかたづけ

とるの、たのしいなぁ

あれだけ夢中になって挟んだのに、おかたづけのスピードの速いこと。

リボンは床のカゴへ、洗濯バサミはここへ入れてください

自分の容器に集めた物を大切に運んで返します。素材の分別もじょうずにできました。

保育のポイント

活動の持続を促すために

* 活動の難易度に変化を持たせましょう。この活動なら、洗濯バサミでリボンを挟んで留める活動とつなぐ活動です。繰り返し留めることがおもしろい子どもと、つなぐことへ挑戦する子どもが出てきます。

* この子どもたちは洗濯バサミをロープや段ボール板に挟む活動を以前に経験しています。洗濯バサミ＋1の活動は、洗濯ごっこや生活を通じて洗濯バサミで挟んだ経験がある子どもたちにも有効でしょう。子どもの興味、経験、発達に沿った環境構成が必要です。

* 活動過程における素材の供給も大切な要素です。素材がなくなると活動は終息します。際限なく素材を供給することはありませんが、リボンや洗濯バサミを途中で補充できるように準備しておきましょう。

おく先生のミニ講義

おかたづけも活動！

楽しい活動後のおかたづけはどのようにすればよいのでしょう。0～2歳児の場合、保育者といっしょにかたづけますが、0～1歳児ではかたづけているつもりでもふと見るとうれしそうに素材をカゴから出している子どもがいて、なかなかかたづかないことがあります。しかし、2歳前後では色や形の弁別ができるようになってきますので、おかたづけの方法も変えていきます。個別に袋やカゴを渡して収集する、ゴミ収集車に見立てた段ボール箱で集める、素材の種類や色別に分けるなど、おかたづけも活動の流れの中で工夫することが望まれます。保護者に今日の活動の結果を見てもらいたくて環境を残しておきたいときもありますが、おかたづけもねらいを持って活動に組み込んで保育を構想していきたいものです。

行為や操作の遊び

いろいろな場所で転がしてみよう！

0歳児 1歳児 2歳児

ドングリがコロコロ転がる場所はどこ？ 丸くない粘土は転がるの？ 子どもたちの挑戦する力を信じて、転がす場所や転がるものにちょっとこだわった環境をつくってみましょう。

活動のねらい
- 1歳児：転がることに気づいたり楽しんだりする。
- 2歳児：転がすもの（素材）や場所を考えて遊びを楽しむ。

準備するもの

〈転がるかな？〉

坂道
紙管
ボール紙
段ボール
机
イス
積み木
とい
牛乳パック
ウレタンマット　など
　…上記の素材を養生テープなどで固定する

2歳児　転がるかな？

保育室にいろいろな種類の坂道を用意しました。子どもたちはどのように遊ぶでしょうか？

導入

転がす素材と場所を紹介する

自分で探索できるように、転がす素材と転がす場所を紹介します。子どもたちが転がす遊びを初めて経験する場合は、保育者が転がしてみるとよいでしょう。

いろいろな種類の坂道を用意

- 縦半分に切った牛乳パックを並べる
- 透明のホース
- 机
- 銀色のボール紙をはる
- ウレタンマットで坂道を作る
- G とい
- A 銀色のボール紙で作ったとい
- 素材を入れた箱 E
- D 積み木で作ったジグザグ
- B ボール紙で作った筒
- C 紙管を縦半分に切ったものを段ボール箱に図のように固定する

ポイント　空間構成の考え方

ひとり遊びが中心の子ども（ C G ）、何人かで応答しながら遊ぶ子ども（ D ）、保育者といっしょのほうが遊びが広がる子ども（ A D ）など、それぞれのタイプの子どもがかかわってみたいと思う場を作りましょう。転がす素材も何か所かに置くといいですね。（ E ～ J ）

いろいろな場所で転がしてみよう！

転がす素材1
（そのまま転がす素材）
ガチャポンケース
ビー玉
スーパーボール
糸巻きの芯
短い紙管（5cmくらい）

転がす素材2
（子どもがひと工夫するための素材）
スズランテープ（両面テープを付けたもの）
紙テープ（両面テープを付けたもの）
アルミホイル
粘土（小麦粉粘土）
アイスクリームのスプーン
フラワーペーパー
モール
両面テープ

〈入れてみたら〉

しかけの素材
透明の筒（ホース）
紙管
透明のお菓子容器
バトン

受け皿
ガチャポンケース
牛乳パック

投入する素材
プラチェーン
木片

※ スズランテープなどで網に各素材を結んで固定する。

「ころがすよー」

さすが2歳児さん。銀色の坂道の前方を見て転がしましたね。**A**

「なにもみえないよ」

のぞいていますね。紙管の中がどのようになっているのか気になるようです。**B**

「みちがせまいなあ」

ここはジグザグで、狭くて勾配が緩く、転がりにくい坂道です。活動の後半になってチャレンジする子どもが出てきました。**D**

「おちたよー」

勢い余ってビー玉が奥に飛んで行ってしまいました。もう少しゆっくり転がる素材で再チャレンジしてみましょう。**C**

2歳児 転がす素材も工夫して

子どもたちは、素材の中から転がすものを選び、いろいろな工夫をして遊んでいます。

アルミホイル

中身は小麦粉粘土です。転がるかな？ F

つついてみよう

粘土

いっぱいあるなあ

ガチャポンケース、アルミホイル、モールなどの中から、ガチャポンケースを選択。 E

小麦粉粘土が坂道にくっついています。途中までは転がったのに、と不思議そうなようすです。 G

スズランテープ

いけ、いけ

ふさふさのスズランテープは転がりにくいですね。手を添えて転がしています。 H

ここにはってみよう

ガチャポンケースにスズランテープをはっています。ひと工夫して転がす試みです。 I

くるくるなってる

スズランテープをはったガチャポンケース、ビー玉、アルミホイルで包んだビー玉が床に到着しています。子どもたちがいろいろ試した結果です。 J

いろいろな場所で転がしてみよう！

1歳児 入れてみたら…

穴やすき間を見つけて入れるのが大好きな1歳児。まだ追視ができない子どもが多いため、入れた素材の出口に気づくように短い管と受け皿を準備しました。

透明の筒や容器に

「おててがはいった」

大型の透明容器の下から手が入ることに気がついたようです。

「はいるかな？」

子どもの視線は短い透明ホースの入り口に注がれています。ホースの終点はまだ確認していません。

短い紙管に

「よいしょ」

ちょっと高めに設定したブルーの管にプラチェーンを入れようとしています。受け皿に落ちた音に気づくかな？

保育のポイント

ちょっと難しい遊びが挑戦する力を引き出します

＊取りつきはいいけど、すぐに飽きる子どもが多い、ということはありませんか？ 遊びが単調で簡単すぎるばかりでは、すぐに興味をなくしてしまいます。工夫が必要で、時には保育者の力を借りながらもやり遂げたときの達成感は、次の挑戦につながります。

おく先生のミニ講義

年齢による遊びの違い

0歳児 転がすより、ポットンと落としたら転がったという感じです。

1歳児 入れたら出てくる、坂道にものを置いたら転がった、など繰り返し遊ぶうちに見通しが持てるようになってきます。

2歳児 転がす場所やものを試して、よく転がる素材や転がる速さなどにも気づきます。転がすものにひと工夫するなど、考えてかかわる姿も見られます。

行為や操作の遊び

0歳児 1歳児 2歳児

秋は自然物がいっぱい！
自然物で遊ぼう！

秋の自然物というと、ドングリ・マツボックリなどの木の実や色とりどりの落ち葉ですね。拾う、集める、並べる、転がす、飾る、そして通す。秋をいっぱい楽しみましょう。

活動のねらい

0歳児 ドングリを拾ったり、くっつけたりすることを楽しむ。

2歳児 色や形を選んで、ひも通しすることを楽しむ。

準備するもの

〈葉っぱ通し〉

自然物（落ち葉）
イチョウ、サクラ、モミジ、カキ、クヌギなど多様な色と形を準備

ビニールシート

ポイント　衛生面の留意事項

自然物のよさを保って、なおかつ清潔にしましょう。木の実や乾燥していない落ち葉は水洗いして乾かしたり（0歳児）、ティッシュペーパーでクモの巣などをふいたりして使用します（1・2歳児）。ドングリを次年度まで保存する場合は、虫が孵化しないように煮沸するか、よく洗ってから冷凍保存します。

2歳児　葉っぱ通し

落ち葉のひも通しです。虫食いの穴を見つけて通したり、つまようじで葉っぱをさすプチッという音に気づいたり。子どもたちの集中力に注目してください！

導入

手元をしっかり見つめて
つまようじを落ち葉にさして…

引っ張り出す

こっちからひっぱるの

落ち葉拾いに行ったときのように、ビニールシートの上にたくさんの落ち葉がまかれています。見つけた落ち葉を1枚拾って通します。

つまようじを落ち葉にさす→持ち変える→つまようじをつまんで引っ張り出す、3つの工程をスムーズに行ないます。

184

自然物で遊ぼう！

〈つかむ・つまむ・さす〉

ひも通し用のひも
毛糸（60cm程度）の端に小枝を結んで落ち葉が抜けないように。もう一方にはサンドペーパーで先端を丸めたつまようじを結び付け、セロハンテープで固定

自然物
落ち葉（2歳児と同様）、ドングリ、ナンテンの実、小枝

自然物を入れる容器
今回は発泡シートで作った手作りのカゴを準備しました。軽くて持ちやすく、中身が見えやすいです

容器＋紙粘土
カゴや紙皿などを白、黄色、青の軽量粘土で包みます。ドングリや小枝がさせるように、ある程度の厚みが必要です

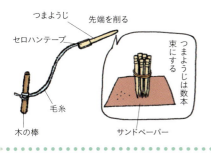

落ち葉を1枚通しました。
手つきは保育者そっくりですね。

「せんせい、みてー」

「なかなかとおらない…」

真剣で楽しそうなまなざしは、活動に乗っている証ですね。

「いちまい、にまい、いっぱい！」

きれいな色の落ち葉を1枚ずつていねいに通しています。これで6枚目です。

2歳児 葉っぱ通し

「どのはっぱにしようかな」

乾きすぎていない落ち葉を選んでいます。
つまようじをさしたとき、破れにくいからです。

「○○ちゃんのほうがながいー」

通した落ち葉の長さを比べてみました。どの子も自分がいちばんと思っているようです。

作品展で

「はっぱちゃん、なかよし、なかよし」
乾燥して少しパリッとしていますが、仕事量と集中力がくっきり見えます。

おく先生のミニ講義

自然物で遊ぶ意味は？

生活の中で出会う「ものや事象」と直結した遊びができます

自然物での遊びは、感触・色や形・香り・音など、五感を働かせた直接体験ができます。自然の大きさ、美しさ、不思議さなどに直接触れる体験を通して、豊かな感情や好奇心をはぐくみ、思考力や表現力の基礎を形成する重要な役割を担っています。

自然物を拾うのも造形？

広い意味で造形です。造形素材の探索活動まっただ中といえます

目についたものを全部集める、小石だけ、枝だけ…など、自然物を拾う子どもの姿を観察すると、拾うものにその子どもの興味と五感を駆使した感性が表れていることに気づきます。

自然物で遊ぼう！

0歳児 つかむ・つまむ・さす

0歳児クラスの子どもたちが自然物とかかわります。ドングリを拾うときも、紙粘土に付けるときも、指でしっかりつまんでいます。

自然物集めから

あった！

散歩の環境を再現してみました。カゴを持ってナンテンの実ばかり拾っています。

紙粘土に

ドングリ、ぎゅうー

ドングリを指でしっかりつまんで、紙粘土に押し付けています。

させたねー

小枝を2本、慎重にさしました。保育者の受け止めが子どもに満足感や遊びの意欲をもたらします。

真剣に小枝をさしている子どもの手もとをふたりの子どもが見ています。他児の行為をちゃんと見ているのですね。

がんばってー

保育のポイント

安心して活動ができるように配慮する

〈葉っぱ通し〉ではひもを通すときに腕を大きく伸ばします。つまようじは先端を丸めてありますが、友達に当たると大変です。危険を回避するためにもスペースを広く取りましょう。0・1歳児では口唇期の子どもがドングリなどを口に入れないように配慮が必要ですね。安心して活動ができるように配慮しましょう。

行為や操作の遊び

0歳児 1歳児 2歳児

オアシスにさそう

砂場に作った山にスコップを何本もさし込んだり、土粘土の塊にはしブロックや木の枝をいっぱいさしたりして遊ぶことに興味津々の子どもたちに、"オアシス（生花用吸水スポンジ）"を準備してみました。

活動のねらい
- **1・2歳児** さす行為を楽しむ。
- **2歳児** さしたり、飾ったりして遊ぶことを楽しむ。

準備するもの

〈さして遊ぶ〉

オアシス
子どもの人数分。円筒形、立方体、直方体などのものや、2～3個のオアシスを木工用接着剤で付けていろいろな形にしたもの

さす素材
モール、割りばし、ストロー、はしブロック（割りばしを短く切ったもの）、マカロニ、枕用ビーズ、花はじき　など

大型積み木
3～4個

2歳児　さして遊ぶ

保育室の環境を利用し、さまざまな形のオアシスを配置しました。好きな場所を見つけてさす遊びを楽しむ環境ですが、オアシスが子どもの人数分あるように配慮します。

導入

「みんなもやってみよう」

大型積み木や保育室の棚にオアシスを固定し、さす素材を取りやすいように準備した環境をつくっておきます。オアシスはポロポロ崩れないように水分を染み込ませておきました。部屋の一角に子どもを集めて「なにかあるよ」と声をかけます。保育者がオアシスに素材をさしてみて「みんなもやってみよう」と誘い、活動が始まります。

「プシュー、プシュー」

保育室の環境をじょうずに利用しています。ベンチに向かい、正座して慎重にさしていますね。

「よこにも、まえにもプシュー」

絵本棚を利用した場を発見。いろいろな面が見える場ではオアシスの4面にさしています。

オアシスにさそう

大小の容器
牛乳パックの底などに、さす素材を入れてオアシスの近くに置いておく

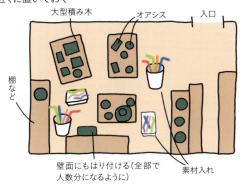

〈さす・飾る〉

オアシス
4個。円すい形（底面の直径12cm、高さ30cm）のもの

さす素材
ヒバの葉、モール（ハートなどの形にする）、バルーンスティック　など

容器
グループ分。さす素材を入れる

「ストロー、とおしまーす」

さしたモールや割りばしに、枕用ビーズやストローを通しています。遊びを見つけ展開する姿は真剣です。

「……」

3段重ねのオアシスに、ふたりで黙々とさしています。集中しているときは無言です。

「どうしたの？」

カットした牛乳パックには、短いさす素材が入っています。さしたり抜いたり。自分の遊びより、抜いてしまった友達のことが気になります。

189

2歳児　さして遊ぶ

いっぱいになってきたよ

側面はストローやマカロニ、上面は長い素材、とさし分けています。

こっちをおさえて、プシュッ

少し不安定なオアシスにも両手を使うと素材をさしやすいことを発見。ふたりとも両手使いです。

おたんじょうびだー

立体的に組み立てたオアシスは、豪華な飾りのよう。誕生日ケーキに見立てていました。

保育のポイント

さす遊びいろいろ

* 砂の山や粘土にさす…保育者が作った砂の山や土粘土、小麦粉粘土の塊は、さす遊びに適した素材です。柔らかいさし心地で、1歳児でも抵抗なく遊ぶことができます。砂や粘土は可塑性のある素材です。粘土はそれ自身で遊ぶことが本来の遊びですので、さす遊びは二次的な遊びだと理解しておきたいのですが、粘土に触れることに少し抵抗がある子どもたちには、さす遊びが粘土とかかわる入り口にもなります。

* 発泡スチロールにさす…素材の白色がさす素材の色を引き立てます。オアシスよりも硬いため、させる素材は限られてきます。モールや針金、つまようじなどとがったものになりますので、安全に留意しましょう。

* カラーオアシスにさす…ピンク、黄色、水色などパステルカラーのオアシスもあります。選んで使うと楽しいですね。

オアシスにさそう

2歳児 さす・飾る

円すい形のオアシスと出会いました。ヒバの葉、いろいろな色や形のモールを3人ひと組でさし、「クリスマスみたい」。さす活動は、子どもたちにとって飾る活動になっていました。

円すい形のオアシスを左手で押さえてヒバの葉をさし込みます。後のふたりは友達のようすをしっかり見ています。

はっぱ、さすよ

こっちにもさそう

側面からさすグループと、てっぺんからさすグループがありました。この子どもたちはてっぺんから始めていました。

きれいでしょ

ハート形やキラキラのモール、カラフルなバルーンスティックは大人気。楽しそうですね。

おく先生のミニ講義　さす行為と飾る行為

「さして遊ぶ」事例を今回は挙げましたが、0〜2歳児のさす行為を発達的に追ってみましょう。細かい素材をさすには指で素材をつまむことが必要です。1歳児期に粘土などに、はしブロックなどをいっぱいさして遊びますが、さしたものを見事に抜き去ってしまうのもこの時期です。2歳児期では、さしたり抜いたりして遊びますが、さした結果が残ることが多いのはこの時期です。

「さす」行為が結果的に「飾る」行為になるのも2歳児期からでしょう。さすことに意味が加わり、「飾る」活動に移行します。「クリスマス」と意味づけた子どもたちは、活動の途中からではありますが、明らかにツリーを意識して先端にハートや星を飾ろうとしていました。さし方に工夫が見られるのもこの時期です。

クリスマスみたい

素材をすべてさし終えた子どもたち。でき上がりを見て、クリスマスをイメージしました。

のり・ハサミの基本

ちょん、くるくる、ひっくり返して、ぺったんこ
"のりはり"しよう

のりを"塗る""はる"という行為がうまくかみ合ってくると、活動が楽しくなります。初めての"のりはり"から楽しい"のり"の活動までをご紹介します。

活動のねらい
- のりを使って紙を付けることを楽しむ。
- いろいろなものをはることを楽しむ。（リュック）
- 思いを持ってはることを楽しむ。（くまさん）

準備するもの

〈はじめての"のりはり"〉

四ツ切画用紙
白・ピンク・水色・黄緑

段ボール片（はる素材）
四角・三角・長方形　など
子どもの手のひらに乗るサイズ

皿
段ボール片を入れる容器、ふたりで1枚

のり、のり下紙

手ふきタオル

2歳児　はじめての"のりはり"

のりではる活動との初めての出会いです。のりを塗り広げて、はろうとしたときに紙がクシャッとなってしまわないように、小さい段ボール片を準備しました。

導入

初めて"のり"の活動をします。少人数（2〜4人）で、しっかりと手を使うことを伝えるとともに、楽しくはれるようにていねいにかかわることが大切です。

ひとさし指を容器に入れて、慎重にのりを指先ですくっています。

のりを塗っています。はる素材が段ボール片なので、のり下紙を使わず、片手で素材を持ってのりを塗る姿が多く見られました。

"のりはり"しよう

〈リュックに何入れよう?〉

リュック型に切った色画用紙
四ツ切、7色

はる素材
牛乳瓶のふた、アイスクリームピック、片段ボール、緩衝材、ストロー、紙ひも、銀紙

リュックのひも

セロハンテープ

画板

のり、のり下紙

手ふきタオル

〈くまさんにドングリあげよう〉

袋型に切った画用紙
四ツ切、白・ベージュ

はる素材
いろいろな種類のドングリの形に色画用紙を切ったもの

皿
切った紙を入れる容器、ひとり1枚

画板

のり

のり下紙

手ふきタオル

てにくっついた

段ボール片をひっくり返すことがうまくいきません。「ひっくり返して」と声をかけましょう。

のりつけるよ

いっぱいはった

のりを塗る・はるが楽しくなってきました。
並べたり、敷き詰めるようにはったりしています。

"少しだけ"すくいやすいように、皿に入れたのりも準備しました。

2歳児 リュックに何入れよう？

「おにいちゃん、おねえちゃんたちが遠足に行っているので、ぼくたちも行きたい」という子どもたちの声からこの活動が始まりました。

「ぎゅうにゅうとアイスをいれたよ」

はった素材を見立てて楽しんでいます。身近な素材をよく知っているのですね。

リュック型に切った色画用紙。背負えるように裏面にひもを付けました。

「リュックに遠足に持って行くものをいっぱい入れよう」と投げかけて、いろいろな素材をはる活動スタート。のりはりの基本はしっかり押さえておきましょう。

「いっぱいになったから、えんそくにいきたい！」

でき上がったリュックを背負って遠足へ。いつもはあまり昇らない階段を上って、幼児の保育室がある2階へ遠足です。

保育のポイント

準備の工夫

* のりの活動が初めての場合は、子どもの月齢や発達の状況を見て1〜4人くらいの少人数で、机とイスで活動するとよい。

* 色紙は表裏がわかりやすいが薄い、色画用紙はやや厚いが表裏の区別が付きにくい、段ボール片は厚みは十分だが表裏がわかりにくい。はる紙を目的に合わせて選択する。

* のりの中に指が埋まらないように、容器の底から1cmくらいのところまでのりを入れておくとよい。表裏がわかりにくい紙を使用する場合は、のりを薄く着色しておくのも一方法。

のりの使い方の伝え方

* 「ちょん・くるくる塗って・ひっくり返して・ぺったんこ」など、子どもたちにして見せながら、言葉を添えて伝えるようにすると、わかりやすい。

* 「お母さん指にのりをちょっと付ける」、子どもたちにはこの「ちょっと」が伝わりにくい。保育者が自分の指に付けてみせる、お豆さんくらい、など子どもが知っている具体的なものに例えるなどするとよい。

* 指にのりが付きすぎた場合は、保育者といっしょにのりの容器の口でふいてのりを返し、手ふきタオルで指に付いたのりをふき取って、再度挑戦。自分でしたい、という気持ちを持てるようにかかわり方を考えましょう。

"のりはり"しよう

2歳児　くまさんにドングリあげよう

おなかをすかせたくまさんにあげるドングリを入れるつもりで、いっぱいはる活動です。

導入

くるくる

何度かのりの経験をしていますので、のり下紙の上でしっかり塗っています。

ちゃんとおさえておこう

はったドングリが浮かないようにしっかり押さえています。きれいにはれていますね。

くまさんがいますね。袋型に切った色画用紙に「くまさんが喜ぶようにいっぱいドングリを入れてあげよう」と、"のりはりすることが入れること"であることを知らせて、つもりの活動をスタートします。

くまさんにみんなのドングリをあげようね

活動の最後に、ドングリが袋いっぱいになったことを子どもたちに知らせて、そのがんばりを称えています。くまさん、喜ぶでしょうね。

おく先生のミニ講義

「トレーニング」にならないように

"のりではる"がしっかりできるようになることは、造形活動の幅を広げることになりますが、のりはりの練習を繰り返し、技術の練磨だけが目的とならないようにしたいものです。楽しんで活動することを通して、結果的に技術も身につく、そんな活動を考えたいですね。子どもが楽しめる素材や保育者のかかわり方の工夫は「保育のポイント」で述べました。2歳児期になると、つもりの活動などイメージを持って活動することが少しずつできるようになってきます。そこで、「リュック」や「くまさん」の活動のように、「遠足に行きたい」「くまさんにあげたい」という思いが、はる力の原動力や持続力につながります。表現方法や技術だけではなく、他者への思いを読み取ることができ、同時に多様な面から子どもの育ちを確認できる総合的な活動となるでしょう。

のり・ハサミの基本

0歳児　1歳児　2歳児

いっぱい切ろう！ 楽しく切ろう！
ハサミでチョッキン

チョッキンと切り落とす、チョキチョキと切り進める…ハサミが使えると、活動も広がります。切る楽しさを経験できるように工夫して、積極的に「ハサミ」にトライしましょう。

活動のねらい
- ハサミを使って紙を切ろうとする。（出会い）
- ハサミで切ることを楽しむ。（楽しむ）

準備するもの
〈3つの活動に共通のもの〉

ハサミ

容器
ひとり1個（切ったものを入れる）

色画用紙
サイズ・形状共に、1回切りと連続切りにふさわしいもの
色は多色あるほうがよい

①
②
③ 　　　※ 色画用紙の色は10色程度準備
④

2歳児　ハサミとの出会い

チョッキンと切り落とせたときはうれしいものです。「チョッキン」に繰り返し挑戦してみましょう。

⬇ 導入

持つところを自分のほうに向けて置いてね

初めてのハサミは慎重に。この活動では、①「持つところを自分のほうに向けて置いてね」、②「おとうさん指をひとつの穴に、おかあさん指とおにいさん指、おねえさん指をもうひとつの穴に入れてね」、③「そのまま持ち上げて」、④「おとうさん指を上に向けて」、⑤「ぱくぱくしよう」と声をかけていきました。

1回切り（5月）

チョッキン！

おとうさん指を上にして、1回切りができました。

うん？

手元が変ですね。おとうさん指が上になるよう、声をかけましょう。

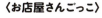 ハサミでチョッキン

〈ハサミとの出会い〉

帯紙

① 幅2cm×長さ45cm
ひとり5枚程度

② 幅2cm×長さ22.5cm
ひとり2〜3枚程度

③ 幅5cm×長さ22cm

④ 幅10cm×長さ22cm

③④は、ひとり1〜2枚程度

〈お店屋さんごっこ〉

食材

キュウリ、ニンジン、キノコ類、ダイコン、レンコン、ホウレンソウ、キャベツ、魚、タコなど、色画用紙を実物の形に切っておく。細いキュウリから、面積のあるキャベツやタコまで、1回切りサイズから連続切りサイズに食材を選択して準備する。ひとり2〜3枚を目安に

〈おおきなかぶでお料理〉

おおきなかぶ
画用紙でかぶを2枚、黄緑・青緑の色画用紙で葉を作る

ベーコン
うすいピンクの帯紙②を使用する

タマネギ
クリーム色の帯紙③、④をタマネギ形に切る

※ ひとりに帯紙5枚程度＋連続切りができる紙を基準に準備しておく。

ビニール袋（切った紙を入れる）

段ボールで作った大きな鍋

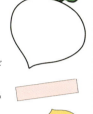

連続切り（9月）

チョキ、チョキ。きれた！

1回切りをうまくできる子どもには長方形や三角形など、何度か連続して切らないと切り落とせないサイズの紙を渡します。

このかみ おおきいね

さらに大きいサイズの紙に挑戦。切ることがおもしろくなってきましたね。

もうちょっと

ちょっと大きめの紙ですね。しっかり紙とハサミを持っています。

2歳児 楽しく切る（11月） お店屋さんごっこ

お店屋さんごっこにハサミをプラスしました。ハサミの活動は10回目くらいです。

導入

保育者がお店の人になって、お店屋さんごっこを楽しみました。お店で好きな食材を選ぶことが、より意欲的に切ることにつながります。

「レンコンください」

いろいろなサイズの野菜や魚などを準備しました。1回で切れるものや連続切りが必要なもの…子どもたちの選択基準は、「好きなもの」でした。

「ながーい」

くるくるとリンゴの皮むきのように切っています。両手をうまく使っていますね。

「ちいさくなったよ」

キノコやキュウリを刻んでいます。小さく切れたことがうれしいのですね。切ったものは袋に入れて持って帰りました。

「タコきってるー」

選んだ食材を、料理しているつもりでていねいに切っています。

保育のポイント

安心して取り組める環境を準備する

安全面に留意！

* ハサミは便利な道具ですが、危険が伴います。「ハサミの刃を友達や自分に向けないこと」「使わないときは必ずキャップをしておくこと」をしっかり伝えて、この時期は保育者がハサミを管理し、安全面に留意しましょう。

紙の厚さとサイズに留意！

* 「切れた！」という思いが、切る意欲を引き出します。初めてハサミで紙を切るときは、1回で切り落とせる幅で、適度な厚さの帯紙を準備します。〈ハサミとの出会い〉で準備した①、②が適当でしょう。初めての場合、色紙は少し薄くハサミの刃の間に巻き込むことがあるため、画用紙がおすすめです。

ハサミでチョッキン

2歳児　楽しく切る（11月）
おおきなかぶでお料理

ハサミの上達はやはり経験です。同じ切るなら楽しんで、とこんな環境を用意しました。

導入

大好きな『おおきなかぶ』の絵本のように、かぶをみんなで抜きました。かぶのスープを作るために、これから料理を始めます。大きな鍋も準備しました。

「かぶ、きってるよ」
「ぼく、ベーコン」

大きなかぶはその場で子どもの力に合わせた幅の帯紙に切って渡しました。ベーコンとタマネギもどうぞ。

「いっぱいきった」

かぶの葉を切る速度もずいぶん速くなりました。

最後に、鍋にかぶ、ベーコン・タマネギを切ったものを全部入れてスープを作りました。

おく先生のミニ講義

ハサミで切ることを楽しむ工夫

「切れない」ときに

持ち方が原因の場合、保育者が子どもの後ろからハサミや紙をいっしょに持ち、「おとうさん指が見えるかな」と言葉をかけて切り方を確認します。紙がペラペラしていてうまく切れない場合には、1/2または1/4に切った色紙を巻いてセロハンテープで留めた筒状のものを切ってみましょう。また、指の力が弱くて紙を切り落とせない場合には、切り落とした感覚を味わうために、ひも状に伸ばした油粘土を切ってみるのも経験として有効です。

安全面に留意！

この時期のハサミの活動は、切るのが楽しいと思えることが大切です。経験は大きな力ですので、「○○のつもりで切る」など、ハサミを使う環境を工夫しましょう。1回切りを繰り返し経験する、1回、2回の連続切りで幅のある紙を切り落とすなど、紙をうまく切れるようになると切ることが楽しくなり、活動意欲が高まります。

著者 奥 美佐子（おく みさこ）

京都市に生まれる。京都市立芸術大学美術専攻科修了。現在、神戸松蔭女子学院大学 教育学部 教育学科教授。
専門は美術教育、乳幼児の造形教育、絵画。乳幼児の描画における子ども間の模倣の研究など、保育現場での実践を重視した実証的研究を継続する。

実践協力園

京都・共栄保育園、みのり園
京都・東和保育園
大阪・たちばな保育園

スタッフ

イラスト／Meriko・あ〜る
本文デザイン／大薮胤美・鈴木真弓［株式会社フレーズ］
本文レイアウト／中井亮［pocal］
企画・編集協力／中井舞［pocal］
校正／堀田浩之
企画・編集／安部鷹彦・安藤憲志

0・1・2歳児の造形あそび

2016年11月　初版発行
2022年1月　第10版発行

著　者　奥 美佐子
発行人　岡本 功
発行所　ひかりのくに株式会社
〒543-0001 大阪市天王寺区上本町3-2-14
郵便振替 00920-2-118855　TEL.06-6768-1155
〒175-0082 東京都板橋区高島平6-1-1
郵便振替 00150-0-30666　TEL.03-3979-3112
ホームページアドレス　https://www.hikarinokuni.co.jp

印刷所　大日本印刷株式会社

©HIKARINOKUNI 2016　　Printed in Japan
©MISAKO OKU 2016　　ISBN978-4-564-60892-6
乱丁、落丁はお取り替えいたします。　NDC376　200p　21×19cm

本書のコピー、スキャン、デジタル化等の無断複製は著作権法上での例外を除き禁じられています。本書を代行業者等の第三者に依頼してスキャンやデジタル化することは、たとえ個人や家庭内の利用であっても著作権法上認められておりません。